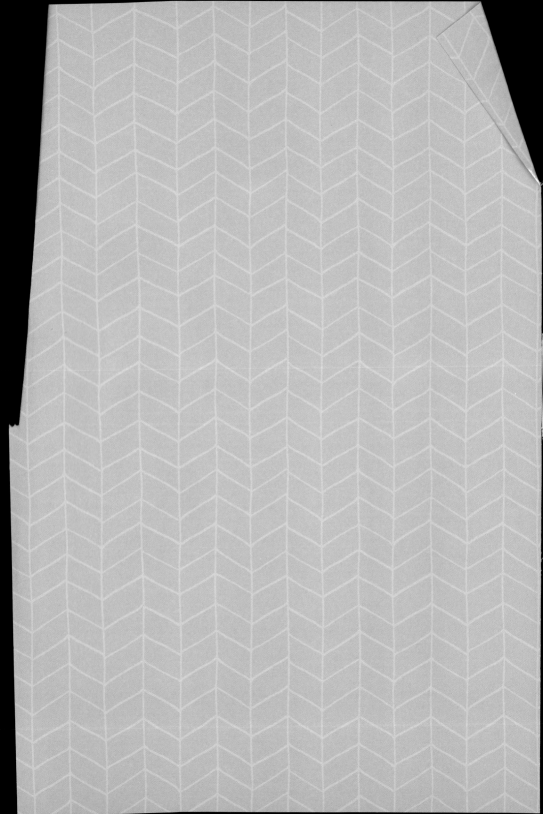

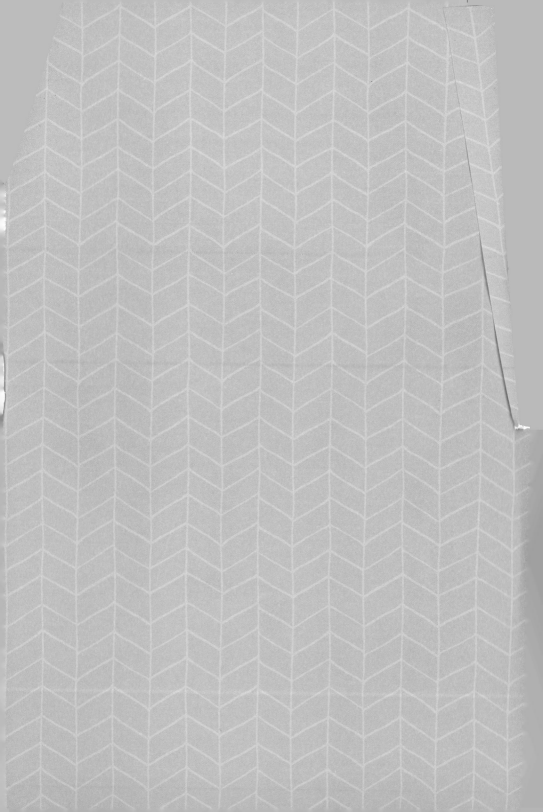

한계는 내 머릿속에만 있다

인생의 전환점을 만드는 강력한 행동의 법칙

한계는 내 머릿속에만 있다

제이 에이브러햄 지음
공동집필자 시마후지 마스미 | 박재현 옮김

프롬북스
frombooks

불가능을 가능으로,
가능을 현실로

당신은 신입사원인가? 아니면 중간관리직이나 간부인가? 그도 아니라면 혹독한 경쟁 속에 있는 경영자나 창업 준비자인가?

당신이 누구든, 나 제임스 에이브러햄은 당신에게 도움이 될 메시지를 이 책에 담았다. 이 책을 읽으면 커리어나 비즈니스를 무한히 확장할 수 있는 인생의 주도권을 손에 넣게 될 것이다.

나는 관리자나 기업가, 지금 막 사회에 진출한 젊은이 등 많은 사람이 미래에 대한 희망도, 현재 생활에 대한 만족도, 삶에 대한 강렬한 욕구도 확신도 목적도 없이 살아가는 모습을 봐왔다.

그래서 그 가슴에 희망의 불꽃을 지필 '계기'가 되는 책을 써보기로 했다. 남녀노소를 불문한 '인생의 가이드북' 말이다.

만일 당신이 스스로 그린 꿈이나 목표에 다다를 자격이 없다고 생각한다면 이런 말을 들려주고 싶다.

한계는 내 머릿속에만 있다

이 책을 읽고 나면 자신이 커다란 기쁨과 존재가치, 무언가를 달성했을 때 느낄 수 있는 만족감을 가슴 깊이 갈망해왔다는 사실을 깨닫게 될 것이다. 그리고 자신이 그것을 누릴 만한 충분히 가치가 있는 사람임을 확신하게 될 것이다.

결코 절망하지 마라. 보이지 않는 미래에 대한 불안도, 자신감 부족도 걱정할 필요 없다.

나는 이 책에서 운명이 당신의 완전한 제어 아래에 있음을 명확히 설명하고 증명해 보이겠다.

인생은 당신이 스스로 다진 결의와 함께 성장한다.

그 너머에는 삶을 누리고 즐기는 미래의 당신이 기다리고 있다.

당신은 일에 대한 의식을 바꾸고 성공에 이르는 계단을 오르기 시작할 것이다. 당신은 누군가에게 의미 있는 일을 선사하기 위해,

다른 사람의 인생을 보다 나은 것으로 만들기 위해 존재한다. 고객이나 팀원, 가족이 기뻐하는 모습에서 자신의 존재가치를 깨닫는다.

지금까지 당신을 지배해온 '멘탈 모델(mental model)'이 왜 잘못됐는지 설명하겠다. 인생과 생명의 진정한 의미에 대해서도 얘기할 것이다. 적어도 내겐 이런 이야기를 들려줄 자격이 있다. 여기서 들려주는 모든 이야기는 내가 살아오면서 이미 거짓 없이 증명했기 때문이다.

나는 성공에 이르는 분명한 행동법칙을 제시하려 한다. 현재 당신의 자리에서 존경과 칭찬을 받는 믿음직스럽고 중요한 존재가 되는 방법을 가르쳐주겠다.

매일 즐겁고 기대되는 나날을 보내게 될 것이다. 뛰어난 존재가 되는 방법(물론 윤리적 측면은 아니다)도 가르쳐줄 것이다.

이 책의 마지막 장을 덮을 무렵에는 인생과 가슴속 불꽃이 그 근본부터 완전히 달라져 있을 터다. 몇 주 뒤에는 지금과 전혀 다른 강인한 자신으로 스스로 이끌어 갈 흔들림 없는 인격을 지니게 될 것이다.

나는 이제껏 절망에 빠져 무엇을 어떻게 해야 좋을지 모르는 시기를 수차례 지나며 그것을 극복해왔다. 덕분에 당신에게 명확한 메시지를 전할 수 있다.

첫 장을 넘기는 순간, 당신은 이루 형용할 수 없이 멋진 곳으로
날아오를 것이다. 분명히 약속할 수 있다. 그곳에 가게 될 것을.

2015년 4월

제이 에이브러햄

차례

—

제6강 ‖ 심플하고 강력하게 성장하라

제7강 ‖ 마케팅은 죽었다

제8강 | 품격경영

일러두기
· 옮긴이 주는 괄호 안에 표기했다.
· 본문에 삽입된 팁 정보는 독자의 이해를 돕기 위한 편집자 주이다.

제1강

누가 내 인생을
컨트롤하는가?

"

내 성장과 미래 가능성을 제한하는 건
오로지 내가 그어놓은 한계뿐이다.

"

다섯 번째 데이트에서 벌어진 일이다. 고등학교를 졸업한 지 얼마 되지 않은 그날, 여자 친구가 임신한 것을 알게 됐다. 유대인 이민 자였던 우리 가족은 경제적으로 매우 어려웠다. 열여덟 살의 나는 주의력결핍장애가 있는 데다 대학 진학도, 취직도 못한 상태였다. 미래에 대한 희망도 없었고 무엇을 해야 할지 몰라 그저 불안하기만 했다.

장차 태어날 아이를 다른 가정에 입양 보낼지, 여자 친구와 결혼해 가정을 이루고 함께 키울지 선택해야 했다. 일자리도 없고 학력도 없었기에 입양을 보낼까 심각하게 고민했다. 하지만 어떻게든 내 아이를 키우고 싶었다. 그래서 결혼을 결심했다.

부모님은 결혼자금으로 백 달러짜리 지폐 두 장을 내밀었다. 두 분은 모아놓은 돈이 없었다. 나는 출퇴근하는 데 버스를 세 번이나 갈아타야 하는 직장에 어렵게 취직했다. 그리고 저렴한 아파트를 발견해 이사한 날, 집중력 부족을 이유로 해고당했다.

나를 정직원으로 뽑아주는 데가 없어 생계를 위해 임시직 일을

TIP

주의력결핍장애

(Attention Deficit Disorder)

과잉행동을 동반하지 않는 ADD는 '조용한 ADHD'라고도 불린다. 집중력을 필요로 하는 복잡한 일들을 수행하는 데 어려움을 느끼고 산만하고 부주의한 행동을 자주한다. 오랫동안 대화를 나누는 것도 힘들다. 가난한 부모 아래서 성장한 제이는 장애에 필요한 관리를 제대로 받지 못했기에 학교 공부나 직장 생활조차 쉽지 않았다. 그리고 이는 자신감 결여로 이어졌다. 환경이나 재능 모두 타고난 건 아무것도 없었다. 최악의 조건 속에서 인생을 성공으로 이끌기 위해 할 수 있던 건 '내 삶에 한계는 없다'는 사실을 믿고 노력하는 것뿐이었다.

한계는 내 머릿속에만 있다

두세 개 해야 했다. 일상은 고됐고 그야말로 절망적이었다. 나는 무기력함과 초조함으로 만신창이가 되어갔다. 스무 살 무렵 아이가 둘로 늘었고, 매일 단순노동만 반복하는 나날을 보냈다.

상상이나 할 수 있겠는가? 배우지도 못하고 정규직도 되지 못한 고졸자가 두 아이를 키워야 했던 일상을? 사회에 나왔을 때 나를 기다리고 있던 건 절망뿐이었다.

내가 얼마나 성공했는지 강조하기 위해 하는 얘기가 아니다. 유리한 환경에서 성공한 게 아니라 밑바닥에서 시작해 여기까지 왔다는 사실을 밝히기 위해서다. 자부심 정도로 생각해줘도 좋겠다. 당신도 내 성공 비결을 배워 실행에 옮기기 바란다.

지금 당장
할 수 있는 일을 하라

내 미래가 이미 결정되었다고 생각하며 지내던 어느 날, 운 좋게 미래의 불안에 대해 안심하고 대화를 나눌 사람을 만났다. 그가 물었다.

"무엇 때문에 그렇게 슬퍼하는 겐가?"

"제겐 학력이나 기회도, 기술도 없습니다. 미래가 없어요. 제 인생은 이미 끝났어요."

"자네가 끝났다고 생각하니까 끝인 걸세. 자네 인생은 사실 무한대란 말이네."

너무도 절망적인 매일을 보내던 나는 그 말의 의미에 대해 깊이 생각했다. 그리고 '미래가 밝다고 믿는 수밖에 없다'는 결론에 다다랐다. 나는 그의 말에 모든 것을 걸어보기로 했다. 왜냐고? 그때 내가 할 수 있는 일이 고작 사고방식을 바꾸는 것 외에는 달리 아무것도 없었기 때문이다.

더 이상 나빠질 게 없는 인간은 행복하다. 밑바닥임을 깨달으면 그 뒤는 어떻게든 위로 올라가는 선택지밖에 없다. 내게 한계를 긋는 사람이 바로 나 자신이라는 사실을 깨닫는 순간 밝은 미래가 새롭게 펼쳐진다.

서둘러 헌책방으로 달려가 사전을 한 권 샀다. 매일 사전에서 낯선 단어를 다섯 개씩 찾아 외웠다. 가능한 정확한 언어를 사용하자는 결심을 세우고 일상에서 실천한 것이다.

그 무렵 보수를 완전성과급으로 받는 영업 일을 시작했다. 타인과 정확히 의사소통하는 기술은 내게 사활이 걸린 문제였다. 공부를 잘하지 못했기에 영업에 필요한 비즈니스 용어도 경제 용어도 전혀 몰랐다. 용어 공부가 급선무였다.

늘 외운 단어를 사용해 말했기에 하루에 스무 번 정도는 스스로도 무슨 말을 하고 있는지 모를 정도로 상태가 심각했다. 그러나 내 가능성을 믿고 싶다는 바람으로 포기하지 않고 도전했다. 나는 점차 정확한 어휘력을 키워갔다.

영광스럽게도 지금은 정확한 문장으로 말하는 데 꽤 높은 평가를 받고 있다. 고학력자들에게 그 같은 칭찬을 받기 위한 첫걸음은 모르는 단어를 하루에 다섯 개씩 외우는 것이었다. 갑자기 높은 목표를 세운 것도 터무니없는 꿈을 종이에 적어 화장실에 붙인 것도 아니었다. 내게 곧바로 도움이 될 능력을 조금이라도 더 계발하려고 했을 뿐이다.

자기 성장을
제한하는 것

가장 먼저 할 일은 현재의 사고방식을 버리고 새롭게 바꾸는 것이다.

내 성장과 미래 가능성을 제한하는 건 오로지 내가 그어놓은 한계뿐이다. 사람들은 '내 능력은 이 정도다', '내 인생은 이렇다' 하는 확신을 굳힌 다음에 그 안에서 자신이 하고 싶은 일이 무엇인지 생각한다. 하지만 그 확신은 어디까지나 착각에 지나지 않는다.

타고난 능력과 내게 내재되어 있는 위대함, 타인에게 안겨줄 가치는 무궁무진하다. 내가 무한한 능력을 가지고 있음을 인정하는가? 그리고 그것을 인생의 성공을 위해 활용하는가? 강력하고 생산적인 방법으로 늘 날 감동시키고 올바른 방향으로 이끌어가는가?

이제 그 구체적인 방법을 설명하려 한다. 나는 내 인생의 주인공이며, 내가 어떤 인생을 살아갈지 결정하고, 행동에 옮기고, 감독할 책임이 있다.

만일 스스로 자기 인생을 감독하지 않는다면 다른 누군가가 내 인생을 관리하고 통제하게 된다. 다른 이가 정한 방침에 따라 살게 된다. 다른 사람의 관리를 받고 내 시간을 팔아 그 대가로 보수를 받고, 소비되고, 소모되어, 끝내는 죽음에 이른다.

스스로 내 삶의 방식을 결정해야 한다. 끊임없이 내 삶을 분석하고 평가하며 필요하면 언제든 궤도를 수정한다. 내가 어떤 이상(理想)을 가지고 있는지 아는 건 오직 나뿐이다. 타인은 내가 내 이상을 향해 잘 나아가고 있는지 판단할 수 없다.

시시콜콜 부정적인 비판만 하고 구체적으로 행동하지 않는다면 나를 제대로 감독할 수 없다. 기업체나 공장이 성과와 생산성을 요구하듯, 내 행동도 결과에 초점이 맞춰져 있는지 돌아볼 필요가 있다. 친구관계는 어떤가? 그 친구는 내 이상에 맞는 사람인가? 아니라면, 그저 시간만 허비할 따름이다.

적당하고 평범한
인생에서 벗어나라

희망하는 직종이 있으면서 이를 위한 실질적인 공부도 하지 않고 그저 시간이 없다는 핑계만 대고 있지는 않은가?

지금 목표를 향해 착실하게 나아가고 있는가?

실패를 겪었다면, 그것은 행동으로 실천했기에 겪은 '경험'인가? 아니면 미숙함에서 비롯된 '잘못'인가?

나의 행동이나 사고방식이 정말 내가 희망하는 모습에 어울리는 것인가?

늘 꼼꼼하게 확인하라.

혹시 내 얘기가 너무 추상적이라 이해하기 어려워 어떻게 해야 할지 모르겠다면 그냥 실천해보라. 이런 말들이 어떤 의미인지 보자마자 깨닫는다면 고생하는 사람은 아무도 없을 것이다.

두각을 드러내지 못하는 맹숭맹숭한 인생을 목표로 삼는 사람은 아무도 없다. 당신도 평범하고 싱거운 인생은 원하지 않을 것이다. 어느 날 아침 눈을 떴을 때 갑자기, 이제부터 남은 인생 동안 내 능력 가운데 일부만을 사용해 그 성과로 살아가야 한다는 말을 듣는다면, 어떤 생각이 들까?

누구도 성취감이나 만족감 없이 무의미하게 일하고 싶지 않다. 충실감이라고는 찾아 볼 수 없는, 아무것도 얻을 게 없는 직장이나 학교에 다니고 싶지도 않을 터다.

그러나 실제로는 구십팔 퍼센트에 이르는 사람이 평범한 것을 받아들이고, 못마땅하고 지루한 나날에 대충 만족하며 적당히 일하고, 가족과 그럭저럭 매일을 보낸다. 그런 삶을 당연하게 생각한다. 적당한 나이가 되면 자립을 하고, 마음의 스위치를 끈 채 운명이 가져다주는 미래에 매여 살아간다.

하지만 그것은 본디 선행되어야 하는 '인생 설계'를 철저히 하지 않았기 때문이다.

우리는 내가 믿는 범주에서 '열심히' 일하고, 내가 믿는 '충성'으로 충성을 다하고, 내가 믿는 '약속'의 정의로 책임을 다한다. 그리고 그 같은 책임과 충성, 중노동이 성공적인 커리어나 좋은 미래를 가져오길 바란다. 물론 바람대로 이루어질 수도 있다. 하지만 그렇지 않을 수도 있다. 우리는 그런 운명에 자기를 맡기고 있다. 이런 인생에 어떤 의미가 있을까? 운명(運命)에 인생을 맡길 뿐이라면 운(運) 이상은 기대할 수 없다. 이미 생명과 함께 부와 행복에 도달할 수 있는 모든 것을 컨트롤할 능력과 힘을 갖고 태어났는데도 말이다.

우리가 살아가는 동안 '신의 최대치(Max of God)'라 불리는 일이 때때로 일어난다. 그건 제어할 수 없으며 사전에 알아차릴 수도, 저지할 수도 없는 종류의 일들 말이다. 마치 일본에 밀려들었던 쓰나미처럼 무시무시하고 파괴적이며 예측 불가능하다.

그러나 자기 인생에서 컨트롤할 수 없는 그런 일은 불과 이 퍼센트 정도에 지나지 않는다. 나머지 구십팔 퍼센트의 문제는 얼마든지 제어할 수 있다.

어떻게 발전시켜 어떤 결과를 맞는가? 기쁨도 불만도 최대한의 성공도 비극적인 실패도 모두 컨트롤할 수 있다. 이것은 단순히 믿음의 문제가 아니다. 인생에서 획득한 능력이나 요소를 어떻게 인식하고 이용하는가, 그것을 어떻게 판단하고 행동하는가에 달린 것이다.

왜 노력은
결실을 맺지 못할까

우리는 태어나서 학교에 입학하고 전공을 정하고 일자리를 얻고 열심히 일한다. 그리고 서점에서 자기계발 서적을 사서 읽으며 기술이나 자신감, 추상적 가능성에 대한 감각을 익힌다.

그러나 우리 인생에는 아무 일도 일어나지 않는다. 그렇지 않은가? 그리고 이렇게 생각한다.

'나는 책을 읽고 새로운 사고방식을 배웠다. 보다 나은 미래를 그리는 비전도 있다. 그런데 어째서 아무 일도 일어나지 않는가.'

왜 아무 일도 일어나지 않는지 그 이유를 설명할 적절한 말이 여기 있다.

인생에는 단순한 명상에서 기인한 성과보다 실제 행동에서 기인한 성과가 더 많다.

명상의 힘이나 심사숙고 하는 것을 하찮게 여기는 것도, 우습게 보는 것도 아니다. 이 말은 인생의 방향성과 행동을 바꾸지 않으면 큰일을 이룰 수 없다는 의미를 담고 있다.

나중에 상세히 설명하겠지만 나는 한 가지 강한 집념을 갖고 비즈니스를 해왔다. 그리고 인생도 그렇게 살아가고 싶다. 그것은 '수단이 아닌 이념을 중시하자'는 것이다.

이념이란 인생이라는 게임을 계획하는 데 필요한 모든 것을 만들어내는 근원이다. 그리고 결국 그 게임의 계획(즉, 인생)을 컨트롤한다. 나는 사실 내가 무엇을 이루고자 하는지 이미 스스로 적확히 알고 있다. 배우자도 부모도 나를 대신할 수 없다. 이념은 일을 하면서 생겨나는 것도 아니고 교육에서 비롯되는 것도 아니다.

이념이 명확해지면 내가 어디로 갈지, 그 방향성을 완전히 컨트롤할 수 있다. 나아가야 할 목적지, 여정, 도중에 거치는 통과점, 그리고 가서는 안 되는 방향까지도 분명히 파악하고 전략적으로 통

이념이란 인생이라는 게임을 계획하는 데 필요한 모든 것을 만들어내는 근원이다.

그리고 결국 그 게임의 계획을 컨트롤한다.

나는 사실 내가 무엇을 이루고자 하는지 이미 스스로 정확히 알고 있다.

제할 수 있기에 주저하지 않는다.

그 반대점에 수단이 있다. 수단이나 기법 같은 것은 아무리 필사적으로 좋아도 결과가 달라지지 않는다. 이념이란 행동이요, 활동이요, 결단이자 신념체계다. 그것이 더 높은 차원의 결과, 더 나은 성과로 이어진다.

수많은 책을 읽어도 결코 좋은 결과를 이끌어낼 수 없다. 물론 많은 책을 읽는 것은 바람직하지만, 독서나 좋은 생각만으로 인생이 달라질 거라 믿어서는 안 된다. 이념을 바꾸고 신념을 바꾸고 그리고 거기서 나오는 행동이 바뀔 때 비로소 결과가 달라지기 때문이다.

스스로 분연히 자리를 박차고 일어나 행동하지 않는 한 내 인생에는 아무 일도 일어나지 않는다.

하지만 신념체계 자체를 바꾸기 위한 독서는 매우 효과적이다. 나는 전기물(傳記物)을 상당히 많이 읽었다. 이 심원한 세상을 구축해온 위대한 정치가나 기업가, 발명가의 전기는 아주 흥미롭다.

비전을 세우고 이를 실현할 방법을 찾고, 용기와 자신감으로 그 신념을 꿋꿋이 지키는 사람의 이야기는 감동적이다. 특히 간디의 전기는 전집으로 소장하고 있을 정도로 좋아한다.

일본에서 '경영의 신'이라 불리는 마쓰시타 고노스케(松下幸之助)의 책도 여러 권 읽었는데 그가 PHP연구소(Peace and Happiness through Prosperity, 번영을 통해 평화와 행복을 추구하는 일종의 계몽운동 연구소-옮긴이)를 설립한 신념과 뜻에 큰 감동을 받았다. 대기업 파나소닉을 설립한 인물이 이익을 우선하지 않고 사람들의 행복과 번영을 진심으로 바라고 거기에 모든 인생을 걸었다는 사실에 놀라지 않을 수 없었다. 그의 인간적인 면모에도 깊이 감명받고 공감했다.

전기는 단순히 그 사람을 이해하는 데서 그치지 않고 그가 인생에서 어떻게 의미 있는 것을 창출해 세상에 영향을 미쳤는지, 그 신념체계나 행동에 대해서 이해할 수 있도록 돕는다. 독자에게 인생뿐 아니라 세계를 개혁할 정도의, 혹은 더 큰 충격을 안겨줄 만큼의 영향력을 미친다.

전기를 읽으면서 불가능을 가능으로 만드는 과정을 이해할 수 있다. 기술혁신도 할 수 있고 정치 시스템도 개혁할 수 있고 인구문제나 식량난도 해결할 수 있다. 미숙한 국가를 변혁해 세계를 이끄는 국가로 바꿔볼 수도 있다. 책을 통해 세계를 변화시키는 일을 모의 체험해보는 것이다.

나는 마케팅 관련 책도 수백 권 읽고 공부했다. 현재는 게임이론 책을 집중해서 읽고 있는데 매우 흥미롭다. 심층심리학에 관한 책도 꽤 읽었다. 심리학이나 사회학 분야는 알고 지내는 학자에게 최신 학회논문을 부탁해 매번 훑어본다.

앞으로도 더욱 세련된 인물의 전기를 읽고 싶다. 또 세계정세, 인생철학, 갖가지 사상에 관한 책도 읽고 싶다. 그 외에 인류의 기원이나 인간을 둘러싼 사회의 복합화(複合化)에도 흥미가 있다. 인간

한계는 내 머릿속에만 있다

은 의식주와 번식의 욕구를 넘어 이윽고 사회적 욕구를 갖게 되고, 서서히 더 높은 단계의 욕구 충족을 추구하게 된다. 이런 개개인들이 살고 있는 이 사회는 점점 복잡해지고 우리가 해내야 하는 역할도 더욱 다층화(多層化), 고도화(高度化)된다.

아마 당신에게도 추구하는 무언가가 있을 것이다. 전기를 한번 읽어보자. 성공자인 그들은 큰 목표를 이뤘고, 운이 사나울 때든 비난을 받을 때든, 어떤 역경이 닥쳐와도 비전을 갖고 목표를 포기하지 않았다. 위대한 일을 이뤄낸 인물의 통찰력을 이해한다면 당신의 목표도 이뤄질 것이다.

나는 얼마나
훌륭한 사람인가

자, 여기서 내 인생을 돌아보자. 그리고 그 인생에 대해 이야기해보자. 노트에 적어도 좋다. 차분히 시간을 갖고 지금까지 인생에서 일어난 힘든 일, 즐거운 일을 적어보자.

얼마나 참담했는지, 얼마나 원망스러웠는지, 그리고 무엇에 콤플렉스가 있는지, 어릴 적엔 어떤 식으로 인생을 살고 싶었는지, 가슴 깊이 묻어둔 감정도 꺼내보자. 원망으로 눈물이 난다면 울어도 좋다. 그러나 깊이 묻어둔 채 모르는 척해서는 안 된다. 그 감정이 꿈틀거리는 건 내가 본디 가지고 있고 키웠어야 할 능력이 감춰져 있다는 증거다.

나는 누구도 대신할 수 없는 유일무이한 존재다. 나와 완전히 같은 개성을 가진 사람은 이 세상에 단 한 명도 없다.

내 인생에는 단 하나의 위대한 콘셉트가 존재한다. 나와 똑같은 인생을 사는 사람은 아무도 없다. 우리 인간은 각자 독특하고 가치 있는 존재다. 그리고 평소 알아차리지 못한 지혜나 능력이 헤아릴 수 없을 만큼 많이 숨어 있다.

우선 그것을 깨달을 필요가 있다.

지금까지의 인생을 되돌아보면 그 힌트를 찾을 수 있다. 우주는 평등해서 그 기회를 우리에게 골고루 나눠 준다.

내 이야기가 이미 성공한 사람의 것이라 믿기 어려울지도 모른다. 분명 내게는 커다란 집 세 채와 자동차 일곱 대가 있다. 지금껏 내가 불린 사업 이익은 얼추 계산해도 대략 백억 달러는 된다. 자랑하기 위해 꺼낸 말이 아니다. 이런 나도 어느 날 갑자기 부자가된 건 아니다. 그것을 부디 알아주기 바란다.

인생에는 산도 있고 계곡도 있다. 자신의 가치를 간단히 확립한뒤 어느 날 정신을 차리고 보니 성공해 있더라 하는 건 절대 불가능한 얘기다.

난 이제껏 세 번 무일푼이 돼봤다. 의뢰인이 돈을 주지 않아 나락으로 뚝 떨어진 것처럼 생활했던 경험도 있다. 그리고 이혼도 두 차례나 했다. 이루 말로 형용할 수 없을 만큼 힘든 나날이었다.

나 역시 한 걸음, 한 걸음 성실하게 걸어왔다. 추천을 받기 위해 먼저 나서서 다른 사람을 위해 무상으로 일했고, 그 결과를 통해 내 능력을 증명해야 했다.

이런 나도 해왔으니 틀림없이 당신도 할 수 있다. 우선 '할 수 있다'고 믿는 것이 중요하다. 스스로 그럴 능력이 있고 노력할 자격이 있다는 것을 인정하라. 그리고 그 능력을 어떻게 마음껏 발휘할 수 있을지 진지하게 고민하라. 그 구체적인 방법을 이 책에서 들려주겠다.

한계는 내 머릿속에만 있다

제2강

성공한 사람이
일을 배우는 방법

The limit is only in your brain

"

일이란 자신의 '독자적인 가치'를
타인에게 주는 것이다.

"

포기하는 사람과
포기하지 않는 사람의 차이

아이가 둘로 늘어난 스무 살 무렵엔 더 이상 임시직 수입으로 생활할 수 없게 됐다. 따라서 여러 곳에서 일을 해야만 했다. 한 가지 일로는 충분한 급료를 받을 수 없었기에 다른 선택권이 없었다.

생계를 위해 갈등하고 모색하던 날들이었다. 앞으로 무엇을 할수 있을지 필사적으로 찾았다. 일하고 일해도 돈은 모이지 않았다. 두 아이와 아내를 부양하는 것 외엔 어떤 즐거움도 없었다.

단지 막연하게나마 다른 인생이 있지 않을까…… 하는 희망 같은 것은 있었다. 그리고 생각했다.

지금 세상에선 무슨 일이 벌어지고 있는가. 집과 직장을 오가는 일상에서 눈을 돌려 바깥세상을 바라봤다. 희망도 꿈도 없다 여겨온 시시한 인생이었는데 밖으로 눈을 돌리자 별안간 멋진 일이 일어났다.

두 눈을 부릅뜨고 주위를 둘러보면 반드시 성장산업을 발견할 수 있다. 새로운 회사가 끊임없이 설립되고, 상품이나 서비스가 팔리고, 수많은 사람이 성장과 번영을 구가하고 있다. 인생을 즐기는 사람도 많다.

내게도 그 세계에 들어갈 권리와 기회가 있을 터다. 아니, 반드시 그 세계로 들어가고 싶다. 그렇지 않으면 앞으로도 지금까지처럼 살아야 한다. 불현듯 강한 외침이 마음속에서 들려왔다.

그때 어떤 작은 사실을 발견했다.

성공이나 행복을 거머쥐는 인생이란 마치 운동경기 같다.

경기장에 선 선수들이 있다. 그들은 승리를 위해 최선을 다한다. 경기장에 서 있기 위해 자기 인생을 완전히 컨트롤하고 있다. 반대로 자신을 비하하거나 불행하다고 생각하는 사람은 관중석에서 즐거운 듯 환성을 지른다. 그러나 그건 아주 잠깐일 뿐, 이후엔 선수의 활약을 물끄러미 바라보기만 해야 한다.

인생에는 두 가지 선택지가 있다. 온갖 역경을 극복하고 실적을 쌓아가는 사람과 처음부터 포기하고 그저 바라보기만 하는 사람.

이 사실을 깨달았을 때 지금까지 실망하고 포기했던 마음에 변화가 일었다. 희망도 꿈도 없는 인생에서 기필코 벗어나겠다. 학력도 부족하고 아는 것도 없으니 운명이라 여기고 받아들였던 인생은 여기서 끝내자. 그리고 결심했다. 앞으로 현실을 응시하고 질문하고 이해하고, 그리고 경험을 거듭하며 진취적으로 살아가겠노라고.

나아가 그 어떤 것에도 겁먹지 않고 씩씩하게 걸어가기로 했다. 어떤 업계든 기업이든, 어떤 담당자든 업무환경이든, 내게 부족한 귀중한 비즈니스 경험을 필사적으로, 조금이라도 더 많이 쌓아가자고 결심했다.

나는 이때부터 인생에 없어서는 안 되는, 그 어떤 것보다 중요한 자기 성장과 발전 그리고 자기 발견의 길을 추구했다.

나는 왜
반복해서 질문하는가

단순히 일하는 데서 그치는 대부분 사람들과 달리, 나는 어떤 일을 새롭게 시작할 때 충분한 시간을 들여 이해하려 애썼다.

사실 모든 사람은 매일 어떤 행동을 하고 무언가 경험을 쌓아간다. 그건 취업을 위한 면접일 수도, 어떤 업무일 수도, 회사에서 하는 미팅일 수도 있다. 보통은 행동을 하는 데 그칠 뿐, 그 경험을 통해 얻은 것을 다음 단계로 새롭게 이어나가기 위한 고민은 하지 않는다. 모처럼 얻은 경험을 밑천으로 살리려 하지 않는다.

오늘 미팅은 어땠나 깊이 자문하지 않는다. 경험을 통해 자신을

한계는 내 머릿속에만 있다

개척하고자 하는 이해가 부족하다.

그래서는 안 된다. 당시 나는 비참한 인생에 더 이상 발을 담그고 싶지 않았다. 이런 삶을 계속 살고 싶지 않았다. 그래서 역경을 거부했다. 그때는 앞으로 어떤 인생을 살게 될지 알 수 없었다. 다만 절대 현재 상태에 멈춰 있지 않겠다는 마음만으로 행동에 나섰다.

비록 높은 산을 넘고 가시밭길을 건너게 되더라도 지금 있는 곳에서 달아나고 싶었다. 그래서 아무리 사소한 것도 절대 무시하지 않고 그것을 밑천 삼아 성장하겠다고 결심했다.

이때 내 사고방식에 대대적인 개혁이 일어났다.

지금까지의 의기소침이 의욕만만으로 바뀌었다. 어떤 일이라도, 아니 취업 면접에서라도, 무언가를 배우고 그것을 자기 발전의 기회로 여기고 성장하겠다는 생각으로 끊임없이 취직 시험을 보기 시작했다. 실제로 면접을 볼 때마다 나는 성장했다. 일을 얻을 수 있을지 여부보다 그 면접에서 자기 발전을 위해 배운 게 무엇인지를 더 생각했다.

면접에서는 끊임없이 질문을 던졌다. 면접자가 대개 질문하는 건 업무 내용, 급여체계, 보너스, 퇴직금, 휴일에 관한 것이다. 그러나 내 질문은 좀 달랐다.

"비즈니스 모델은 어떤 것인가?"

"어떤 방법으로 사업하고 있는가?"

"어떤 부서와 업무가 있는지 알려달라."

"내가 맡을 일이 다른 일과 어떤 식으로 연계되는지, 어떤 영향을 미칠지 가르쳐달라."

그리고 마침내 나는 어떤 직무든 모두 최종적으로 '생산'과 '판매'로 이어진다는 사실을 깨달았다. 단순한 질의응답으로 끝내지 않고 취직 시험을 비즈니스 그 자체를 배우는 자리로 활용했다. 나는 어떻게든 비즈니스라는 것을 이해하고 싶었다. 그 업계에서 혹은 회사에서 내가 할 일이 어떤 위치에 있는지 이해하고 싶었다.

면접을 끝내고 돌아가는 길에는 적당한 곳에 앉아 반드시 자문자
답 노트를 작성했다.

"나는 이 면접에서 무엇을 배웠나?"

그 회사, 그 일에 대해 새로운 발견을 했는지, 부품이나 서비스의
관련성을 찾았는지, 내게 질문을 던졌다. 서서히 꽤 깊은 자문자답
이 가능해졌다. 그 덕에 자신감이 생겼다.

그러나 여기서 멈추지 않고 까다로운 질문을 계속 던졌다.

"이 면접을 통해 나 자신에 대해 발견한 새로운 사실이 있는가?"

이건 자신의 존재의의를 묻는 매우 철학적인 질문이다.

내가 올바른 질문을 던지고 충분히 답변하면 면접관의 반응이 달라진다는 것을 알게 됐다. 내 질문에 그들이 마지막까지 답해줬는지 아니면 부분적인 설명에 그쳤는지, 시간을 들여 미소로 얘기해줬는지 아니면 다소 달갑잖은 표정으로 서둘러 이야기를 마무리 지었는지 차이가 있었다.

면접을 본 뒤 어떤 태도가 좋은 인상을 주었는지, 또 어떤 태도

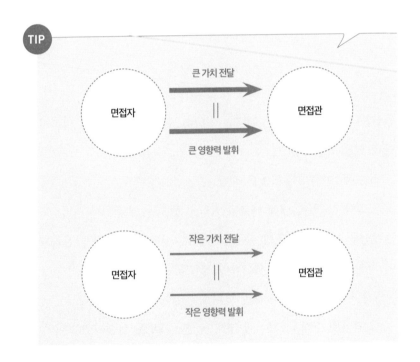

한계는 내 머릿속에만 있다

나 질문이 부정적인 인상을 주었는지 깊이 분석했다. 그 분석과 반성이 차곡차곡 쌓여 자신감이 됐고 늘 타인에게 미치는 영향력을 유념하게 됐다.

영향력이란 시간과 가치의 상대평가다. 상대가 할애해준 시간에 내가 건넨 가치가 크면 클수록 상대는 영향을 받는다. 그 가치가 낮다면 상대의 귀중한 시간을 빼앗은 꼴이 될 뿐이다. 여기서 '가치'란 상대가 요구하고 인정하는 가치로, 본인이 미처 깨닫지 못한 것도 포함된다.

처음에는 내 행동이 타인에게 미치는 영향을 자각하지 못했다. 그러나 면접이 거듭되면서 가치는 스스로 만드는 것임을 자연히 배울 수 있었다.

면접 하나하나가 내가 얼마만큼의 가치를 만들어낼 수 있는지 평가할 수 있는 시험의 장이다. 내가 최고의 가치를 줄 수 있다면 면접 시간도 길어지고, 나도 배우는 점이 많다. 면접관도 누구보다 나의 채용을 먼저 검토한다. 반대로 그들에게 가치를 제공하지 못하면 면접은 순식간에 끝나고 결과도 좋지 않다.

결국 상대에게 최고의 가치를 줘야 한다. 내가 의미 있는 질문을 할수록, 그저 일자리를 찾는 데 그치지 않고 일을 성공시키려는 투지를 보일수록 함께 일해보자는 제안이 더 많이 들어왔다.

아주 작은 요소가
사업 전체를 망친다

젊은 시절, 도로를 닦는 중장비 제조업체의 관리부에서 일한 적이 있다. 고속도로를 건설할 수 있도록 길을 만들어주는 로드 그레이더(road grader)라는 커다란 중장비였다. 당시엔 베트남 전쟁이 한창이라 미 육군이 이동하기 용이하도록 도로를 개척해야 했다.

나는 로드 그레이더의 생산에 필요한 부품을 조달, 관리하는 일을 맡았다. 모든 부품이 예정대로 도착하지 않으면 로드 그레이더를 생산하기 어려워지고 공장도 멈춘다. 작은 나사 하나가 부족하거나 부품 발주일이 조금만 늦어도 생산이 불가능해져 해외로 반

출도 못하고 전시에 꼭 필요한 도로 건설에도 지장이 간다. 그 경험을 통해 아주 작은 부품 하나만 부족해도 생산이 멈춘다는 사실을 알게 됐다.

당연한 일이지만 전체는 작은 과정 하나하나가 쌓여 성립된다. 아주 작은 요소에도 사업 전체를 망쳐버릴 가능성이 있다.

이 깨달음은 이후 비즈니스 컨설팅의 성과로 직결됐다. 나는 몇억 달러나 하는 비즈니스를 창출하는 지금도 그 중요한 깨우침을 기본이념으로 여기고 있다.

어떤 직종이든 저마다 유동성을 갖고 다른 부서의 업무와 연결된다. 인사나 총무, 고객 지원도 상품이나 서비스를 판매하는 활동의 일부다. 판매 대금은 회사의 자금이 되어 원자재 구매나 판촉 자금, 직원 급료로 쓰인다. 수익을 내기 위해서는 현명하게 지출하지 않으면 안 된다. 현명하게 지출하면 유동자금을 얻을 수 있고 그 결과 원자재 구매가 수월해져 다시금 시장에 적절한 가격으로 제공할 수 있다.

답은
'일' 안에 있다

그러나 대부분은 이런 생각 없이 그저 주어진 대로 일만 할 뿐이다. 지금 하는 일이 다음, 그다음 일에 얼마나 영향을 줄지 시선이 미치지 않는다. 이 경험이 얼마나 중요한지 관심도 갖지 않는다.

나는 새로운 직장에서 동료들에게 가능한 많은 것을 배우려 노력했다. 그 일을 하는 동안 가장 중요한 요소나 우선순위가 낮은 일에 대해 주위에 두루 물었다.

내 눈과 귀로 직접 확인하고 싶었기 때문이다. 같은 질문을 해당 부서의 관리자에게도 했다. 이전 담당자를 찾아가 이야기를 듣기

한계는 내 머릿속에만 있다

도 하고 그 부서에서 승진한 사람이 있으면 그에게도 찾아갔다. 해고당한 사람이 있으면 그 사람과 만나 대화를 나눴다.

늘 질문할 기회를 탐색했다. 자기 개혁을 늘 마음에 새기고 성장과 연결 지었다. 날 고용해준 회사를 위해 직접 성과를 올리고 싶었다. 그리고 함께 일하는 동료의 발목을 잡지 않기 위해, 그 부서에 성과를 가져오기 위해, 그리고 나 자신을 향상시키기 위해서이기도 했다. 가족의 생계도 걸려 있기에 필사적이었다.

이직을 할 때는 단순히 회사만 바꾸는 게 아니라 이전 업종에서 배운 것을 돌아보고 다음 일에 활용했다. 이전 업종의 강점과 약점은 무엇이었는지, 독자성은 어디에 있었는지…… 여러모로 검증했다.

다른 업계, 다른 회사에서 같은 질문을 반복했다. 고용주에게 장사하는 법과 가장 좋은 판매방식에 대해 배우고 지혜를 쌓았다. 그때마다 반드시 멈춰 생각할 시간을 가졌다. 그리고 그들이 가르쳐준 것이 경쟁 상대와 싸울 때 얼마나 힘이 됐는지 스스로 확인했다.

누가 어디서 어떻게 성과를 올리는지, 반대로 누가 일을 못하는지 알아두고 싶었다. 실적이 나빴던 사람이 성공을 거두게 된 과정도 궁금했다. 그리고 높은 성과를 올리는 듯 보이지만 실상은 오히려 그 반대인 경우도 이유를 확인하고 싶었다.

성공에 이르는 방법을 새롭게 터득하면 내 나름대로 해석하고 다음 업계에서 실천했다. 이직을 반복하고 헤아릴 수 없을 만큼 많은 면접을 보면서 배운 건 너무나 많았다.

채용되지 않을 것을 알면서도 다른 업계의 면접을 보고 무언가 배우려 애썼다. 채용이 됐어도 내 능력을 살리는 자리가 아니고 자기 발전으로 이어지지 않을 것 같으면 채용을 거절했다. 점차 그런 일이 늘었다. 대부분 사람들이 오랜 세월 겪으며 배우는 것을 나는 취직 시험에서 배운 것이다.

취직 시험을 계속 보더라도 그것을 부정적으로 생각한다면 얻을 수 있는 건 아무것도 없다. 그러나 그 자리를 인생을 연구하고 단련하는 기회로 여기고 '무엇을 얻을지'에 집중하면 성장을 위한 많은 것을 배울 수 있다.

그러는 가운데 지금까지 없던 기회가 찾아왔다. 학력도 재능도 경험도 없는 내게는 놀라운 일이 아닐 수 없었다.

소비자 심리도 모르면서 매상만 말하지 마라

새로운 곳에 입사할 때마다 가능한 많은 일에 도전했다. 내가 하는 일 대부분은 성과보수형이었다. 성과에 따라 보수를 받는 일은 판매가 안 되면 돈을 벌지 못한다. 수입이 없으면 가족을 부양할 수 없다. 그래서 적극적으로 판매를 하기로 결심했다.

어떻게 하면 매상을 올릴까 즉 어떻게 하면 소비자의 구매욕을 자극할 수 있을까 고민했다.

답은 단순하지만 명확히 알고 있는 사람은 적다.

내가 행동한 결과는 그대로 성과가 된다.

이 또한 나의 기본이념이다.

젊은 사람에게 이런 말을 하면 당연한 소리라는 반응을 보인다. 분명 당연하다. 하지만 그것을 실제로 철저히 실천할 수 있는 사람이 과연 얼마나 될까?

기술도 학력도 없기에 판매 업무밖에 할 수 있는 게 없었지만, 결과적으로는 많은 것을 얻었다. 어떻게 하면 소비자의 구매욕을 자극하고 바이어를 납득시킬 수 있을지, 거부를 당하면 그 이유는 무엇인지 알아야 했다. 나는 세일즈 기법보다도 인간의 자연적인 감정, 심리를 먼저 이해할 필요가 있음을 알게 됐다.

이를 위해서는 영업직 자체에서 기쁨을 느끼지 않으면 안 된다. 시간은 걸릴 수 있지만 인간에 대해 이해하는 건 굉장히 중요한 일이다.

소비자 심리는 성별에 따라 다르다. 희망이나 꿈, 문제점도 사람마다 제각기 다르다. 상품이나 서비스를 팔기 위해서는 거기에 초점을 맞춰 세일즈 해야 한다. 그들이 가진 문제를 해결해주는 것, 그게 바로 세일즈다.

고객 리스트를 볼 때는 소비자 한 사람을 단순한 숫자 '1'로만 여겨서는 안 된다. 소비자 심리에 충실하지 못한 세일즈나 마케팅으로는 비즈니스가 지속될 수 없다.

소비자는 전쟁터의 병사가 아니다. 아무리 고도의 전술로 마케팅 전략을 짜도, 당신의 지령대로는 움직여주지 않는다. 이런 전략은 소비자의 '마음'을 따르지 않는 한 얼마 못 가 간파당하고 만다.

아무리 전략회의를 열심히 하고 수치를 분석해 그래프로 그럴듯하게 표현해도, 거기엔 인간성이 나타나지 않는다. 소비자에게는 한 사람, 한 사람이 가진 감정의 움직임과 고민, 인생이 있다. 그들 각자가 서로 다른 존재의의와 가치관을 갖고 별개의 인생을 살아간다.

인간 심리의 본질을 알기 위해서는 '누구나 자신을 우선해 생각하며, 자기 입장에서밖에 세상을 보지 못한다'는 대전제를 이해해야 한다. 남편에게는 남편의 사정이 있고, 아내에게는 아내의 사정이, 아이에게는 아이의 사정이 있다. 아무리 기술이 발전해도 상대는 로봇이 아니라 감정을 가진 인간이다.

소비자 심리학

광고 문구를 쓰기 전에, 광고할 매체를 정하기 전에, 아니, 상품을 기획하고 제작하기 전에 가장 먼저 고려해야 할 것이 있다. 바로 '소비자 심리'다. 물건을 구입하도록 설득해야 하는 대상, 소비자는 인간이다. 사회적 문화적 맥락 속에서 구체적으로 실존하며, 때론 고심 끝에 때론 충동적으로 물건이나 서비스를 구매하는 '마음'을 가진 인간이다. 그 마음을 연구하는 학문을 '소비자 심리학'이라 한다. 세계적으로 유명한 광고 및 세일즈 트레이너이자 컨설턴트인 드루 에릭 휘트먼은 자신의 저서에서 소비자 심리학의 스물한 가지 원리를 다음과 같이 소개한다. 그러나 이 같은 원리는 어디까지는 소비자 개개인을 비춰보는 하나의 도구일 뿐이라는 점을 명심해야 한다.

1. 예방접종의 심리학: 선제공격이 필요한 순간.

2. 각 특정적 언어의 심리학: 잠재 고객의 머릿속에 경험을 심어주는 단어.

3. 신뢰성 전이의 심리학: 모든 잠재 고객의 마음속에는 반박 장치가 있다.

4. 통합이론모형의 심리학: 사람은 다 다르다. 파는 방법도 다 달라야 한다.

5. 사회적 증거의 심리학: 고객은 늘 옳은 결정을 내리고 싶어 한다.

6. 공포의 심리학: 공포를 이롭게 활용하는 방식.

7. 수단 목적 사슬의 심리학: 소비자는 제품이 아닌 가치를 산다.

8. 정교화 가능성 모형: 세일즈를 성공으로 이끄는 결정적인 요인.

9. 신념의 순위를 바꾸는 심리학: 공감대를 형성하는 것이 먼저다.

10. 비교의 심리학: 인간은 '또래 압력'에 취약하다.

11. 호감의 심리학: 호감이 없으면 동의하지 않는다.

12. 권위의 심리학: 신뢰성의 암호를 해독하는 방법.

13. 호혜성의 심리학: 보상해야 한다는 의무감을 '기술적으로' 자극하라.

14. 약속/일관성의 심리학: 사지 않으면 불편해지는 장치를 만들어라.

15. 희소성의 심리학: 언제든 손에 넣을 수 있다는 느낌을 주지 마라.

16. 사례 대 통계의 심리학: 남들이 얼마나 알아줄지가 핵심이다.

17. 메시지 구성의 심리학: 단순한 문장, 단순한 개념이 통한다.

18. 자아 변형의 심리학: 소비자의 결핍과 열등감을 읽어내는 몇 가지 방식.

19. 중복의 심리학: 소비자의 기억 속에 살아남는 것이 핵심이다.

20. 메시지 측면성의 심리학: 단점을 우아하게 드러내야 구매욕이 올라간다.

21. 길이가 장점을 암시한다는 휴리스틱 심리학: "저렇게 말이 많은 걸 보니 분명 사실이

겠지."

_갈매나무, 『심리학으로 팔아라』 중에서

소크라테스처럼
문답하라

데이터는 과거의 결과에 지나지 않는다. 미래가 선형으로 진행될 거라고 예측할 수도 없다. 노이즈나 오차라 판단해 폐기한 결과도 마찬가지로 하나의 사실이다.

컴퓨터 앞이나 전화선 끝에 있는 건 마음을 가진 인간이다. 그런 당연한 감각을 무시하는 건 비즈니스에 큰 위험성을 안고 있는 것과 같다는 사실을 늘 의식해야 한다.

비즈니스는 학문과 다르다. 업계의 장래를 예측하거나 시장의 방향성을 결정짓는 기법에 관한 연구는 매우 흥미롭지만, 그것만으

한계는 내 머릿속에만 있다

로는 성공할 수 없다. 만약 그런 연구가 마케팅의 모든 것이라면 경제학자나 컨설팅 회사 전부가 비즈니스에서 큰 성공을 거뒀겠지만, 현실은 그렇지 않다.

우리가 알아야 할 것은 '인간을 이해하는 데' 온 힘을 쏟아야 한다는 점이다. 여기엔 학력도 경력도 중요치 않다.

생각해보자. 내가 그 상품이나 서비스의 필요성과 중요성을 아무리 굳게 믿어도 고객은 전혀 중요하게 생각하지 않는다. 고객이 '아무래도 좋다'고 여겨온 것을 어떻게 '중요하다'고 생각하게끔 할 것인가? 이 점에 대해 고민해야 한다.

세일즈를 하면서 발견한 사실은, 상대가 나를 중요하게 생각하게끔 만들기 위해서는 당연한 일이지만 내가 먼저 상대를 중요하게 생각해야 한다는 것이다. 그러기 위해서는 먼저 상대의 이야기에 귀를 기울여야 한다.

다른 사람의 이야기에 귀를 기울이라는 의미는 머릿속을 백지상태로 만들어 받아들이라는 것이다. 상대의 이야기를 들으며 그 내용을 조합하고, 말의 의미를 비롯해 그 배경까지도 깊이 이해해야 한다. 여기서 배경이란 상대의 역할과 그 말의 이유나 목적을 이해함을 뜻한다.

이때 중요한 건 상대의 이야기에 맞장구를 치고 좋은 질문을 던

상대가 나를 중요하게 생각하게끔 만들기 위해서는 당연한 일이지만
내가 먼저 상대를 중요하게 생각해야 한다는 것이다.
그러기 위해서는 먼저 상대의 이야기에 귀를 기울여야 한다.

지는 일이다. 상대의 눈을 보고 고개를 끄덕이거나 맞장구를 치면서 그의 이야기에 집중해 이해하고 불명료한 점을 확인하기 위해 질문한다. 나아가 좀 더 상세히 알고 싶은 것에 대해서 다시 질문을 던진다. 상대가 이야기를 하고 있는데 두리번거리며 주변에 신경을 쏟거나 팔다리를 습관적으로 움직여서는 안 된다.

마음을 다해 귀 기울여 듣고 있노라면 놀라운 효과를 얻을 수 있고 그 결과도 굉장해진다.

다른 사람의 이야기를 귀 기울여 듣는 젊은 사람은 많지 않다. 세일즈만을 목적으로 생각해 상대방 말을 가차 없이 자르는 사람도 있을 정도다. 짧은 메일을 주고받고 자기 생각을 트위터 같은 SNS에 일방적으로 쓰는 문화 탓일지도 모르지만, 흥미 없는 이야기가 나오면 갑자기 집중력이 떨어진다. 그러나 내 마음속에서 일어난 작은 변화도 분명 상대에게 전해지는 법이다.

상대의 이야기를 주의 깊게 듣고 좋은 질문을 던져서 미처 말하지 못한 딜레마를 날카롭게 꿰뚫어야 한다. 상대가 이야기하지 못한 막연한 불안이나 마음을 구체적으로 말해주면 큰 신뢰를 얻을 수 있다.

나는 수백 번의 취업 면접과 영업 활동을 통해 사람들의 이야기를 듣고 세상 돌아가는 이치를 이해할 수 있었다. 다른 사람의 이야기를 주의 깊게 듣고 질문을 던지며 대화를 이어가는 방식을 '소크라테스 식 문답법'이라고 하는데, 이 대화법을 활용해 영업자로서 고객의 절대적인 신임을 얻을 수 있었다.

모든 사장이
멘토다

나는 수많은 일류 기업인에게 가르침을 받았다.

내 첫 멘토는 고향 인디애나폴리스에서 일할 때 만난 사장이다. 그는 디렉트리스폰스마케팅(Direct-Response Marketing, 광고 등을 통해 고객이 기업에게 직접 연락하도록 유도하는 마케팅-옮긴이)의 기본적인 틀을 가르쳐주었다.

새로운 마케팅 기법을 어떻게 이해해야 하는지, 이익을 극대화하기 위한 방법은 무엇인지, 다른 업체와 경쟁을 피할 수 있는 서비스 제공과 판매원을 고용하는 법에 대해서 그리고 생산성 향상에 지장을 주지 않고 효율적으로 증원하는 방법에 대해서도 배웠다.

현재 기술을 최대한 살리면서 고객(예비고객까지 포함)에게서 효과적으로 의사소통을 이끌어내는 방법도 배웠다. 자본 없이 부를 얻는 사업에 대해서도 그리고 아무도 알아차리지 못한 자산을 찾아내 컨트롤하는 매우 의미 있는 방법에 대해서도 배웠다.

다음에 만난 멘토는 인디애나폴리스에서 드라이클리닝 사업을 크게 하는 사장이었는데, 그에게 경제적 규모가 엄청난 힘을 가진다는 사실을 배웠다. 그는 누구도 시도하지 않은 참신한 서비스를 생각해내 고수익으로 팔고, 고객이 그 서비스를 지속적으로 구매하게끔 했다.

다음은 텍사스에서 만난 멘토다. 가끔은 상대가 나보다 더 심각한 문제를 안고 있다. 그럴 때 상대의 문제를 해결해주면 결국 나의 문제도 해결된다는 걸 그에게 배웠다. 이러한 태도는 지금까지도 나의 변함없는 신념이자 존재의의로 남아 있다.

캘리포니아에서 만난 멘토는 '재정거래(裁定去來, 차익을 노린 상거래)'의 개념을 가르쳐줬다. 아무도 보지 못한 가치를 찾아내 적절한 시장과 매수자를 컨트롤하고 그 가치를 제공하는 것이다.

새로이 무언가를 만들어내는 것이 아니라 이미 있는 것들 사이의, 다른 사람이 미처 보지 못한 숨겨진 기회를 발견한다. 아직 숨어 있는 기회를 분명하고 확고한 이유를 갖고 이해하는 능력은 비즈니스에서 마치 X선과 같다. 이 능력은 아직 최대화되지 않은 기회에 초점을 맞추고 찾으면서 단련된다. 누구든 향상시킬 수 있는 능력이 있다. 가치를 찾아 더 크게 키우면 재정거래 비즈니스가 가능하다.

모든 산업을 폭넓게 이해하기는 어려워도, 몇몇 사람과 소크라테스 식 문답법으로 대화를 주고받으면 내가 궁금한 업계의 전체적인 모습을 알 수 있다.

디렉트리스폰스마케팅의 거장에게서 배울 기회를 얻었을 때 그는 내게 며칠 시간을 내어 그 새로운 사고방식과 고객평생가치의 개념, 그에 따른 계측 가능한 허용비용에 대해 가르쳐줬다.

그는 또한 좋은 책들을 권했다. 모두 전기물이었다. 우리 인간이 약점이나 역경을 어떻게 극복하는지, 비전에 대한 믿음이 얼마나 강력한 힘을 발휘하는지, 놀라운 인물의 일생을 보고 배우라는 조언이었다.

사람은 미지의 것을 만날 때
성숙해진다

그 뒤 신흥 투자시장이 형성된 미니애폴리스 지역에서 명확한 마케팅 비전을 가진 사람과 만났다. 그에게 경제지식과 세계정세, 금융과 정치에 대해 배웠다. 덕분에 그때까지 미지로 남아 있던 분야를 비로소 이해할 수 있었다.

그다음으로 내게 영향을 미친 사람은 단 1,000달러로 650억 달러를 벌어들인 놀라운 능력의 소유자로, 그에게서 경영자의 품격을 배웠다. 고객의 보호자로서 행동하고 공헌하면 그것이 곧 조직의 품격이 되어 회사의 존재의의를 높인다. 그는 이 신념을 몸소 실천하며 가치를 선사하는 일에 전념했고 거대한 조직을 구축했다.

데밍(Deming) 사에서는 프로세스 개선, 효율화와 함께 가장 효과적인 투자란 무엇인지 최적화(最適化)의 개념을 배웠다. 모든 생산공정에는 여러 작은 과정이 있어 서로 상호작용한다.

생산라인에서 한 직원이 상자 포장 같은 작업을 한다고 치자. 이런 단순작업도 여러 단계로 나눌 수 있다.

상품을 든다 → 상자를 다른 손으로 누른다 → 상품을 넣는다 → 뚜껑을 덮는다

각 공정을 분석하고 계측하면 십에서 십오 단계로 작업을 분리해 각각을 개선할 수 있다.

나는 '분석, 계측, 개선'이라는 최적화 과정을 생산공정뿐 아니라 모든 비즈니스 활동에 응용했다. 컨설팅하는 회사의 모든 업무 영역을 구석구석 둘러보고 영업, 총무, 홍보, 접수 같은 비즈니스의 모든 영역을 분석하고 계측하고 작은 개선을 이뤄간다. 모든 부문에서 각각의 작업성과를 느닷없이 두 배로 만들긴 쉽지 않다. 그러나 십 퍼센트 정도의 효율화라면 어떤 부문에서든 이뤄낼 수 있다.

회의를 십 분 안에 끝내거나 그 자리에서 어떻게든 결론을 끌어내 행동지침을 정하는 것, 서류의 양 줄이기, 출장을 화상회의로 대체하기…… 개선할 점은 얼마든지 발견할 수 있다. '꼭 그럴 필요가 있나? 그렇게 자잘한 일에 매달려야 하나?' 묻는 사람도 있을 테지만, 이것이 얼마나 큰 차이를 낳는지 이해해야 한다. 십 퍼센트의 개선이 모든 회사의 모든 부문, 모든 과정에서 이뤄지면 그 총합은 실로 엄청난 숫자가 되기 때문이다.

아직 믿을 수 없다고 고개를 젓는 사람이 있다면 '1.1×1.1×1.1'처럼 1.1을 열 번 곱해보자. (이에 관해서는 제6장에서 자세히 설명하겠다)

나는 컨설팅을 하며 최적화를 통해 엄청난 이익 증대를 달성했다. 지금도 이 방식의 기본에 충실하기만 해도 성과를 올릴 수 있다. 끊임없이 새롭게 등장하는 낯선 마케팅에 시선을 빼앗기는 것보다 훨씬 효율적이다.

스티븐 R. 코비 박사에게도 가르침을 받았다. 『성공하는 사람들의 7가지 습관』의 저자로 유명한 그는 나와 친한 친구가 됐다.

코비 박사는 타인의 이야기를 경청하는 건 '그 순간을 사는 것(生)'과 같다고 말한다. 과거도 미래도 아닌 '지금 여기'에서 온 힘을 다해 살아가는 것이다. 그 같은 마음가짐이 인생을 바꾼다. 나는 박사의 주장을 이렇게 이해했다. 자신과 상대의 입장을 바꿔놓고, 상대의 입장에서 서서 상대를 이해하고 고마워하라.

간혹 컨설턴트나 작가, 강연자, 트레이닝 코치 등 각종 업계의 전문가들이 내게 조언을 구하기도 한다. 나는 그들의 비즈니스를 돕기 위해 먼저 그들의 이념과 방법론을 배워야 했다. 그때 소크라테스 식 문답법의 힘을 실감했다.

이 문답법을 활용해 최고의 전문가와 공유한 것들은 내게 더할 나위 없는 가르침을 주었으며 영향을 미쳤고 통찰력이 돼줬다. 날카롭고 심오한 질문을 던지면 상대는 자신의 마음이며 이해를 내게 풀어놓게 된다. 이는 상호 인간관계를 강화하는 작용을 한다.

날 성장으로 이끌어준 사람들은 저마다 나의 독자성을 발견하게 해줬다.

우리 모두는 독자적인 재능을 가지고 있다. 하지만 대부분은 타고난 재능을 발휘하지 못할뿐더러 그 방법조차 알지 못한다.

그러나 그때 나는 배웠다. '가치는 만들어지는 것'이다. 취업 면접에서든 비즈니스 미팅에서든, 클라이언트든 외주업체든, 상대와 대화를 나눌 때마다 가치를 창출해야 한다. 그러면 거래는 자연히 성립된다. 매수자와 입장을 바꿔보는 건 중요하다. 상대의 입장이 되어 이해시키는 건 무엇보다 중요하다.

소크라테스 식 문답법

직접 지식을 가르치지 않고 질문과 대답을 통해 스스로 자신의 무지와 편견을 깨닫게 하고 진리를 발견하도록 돕는 대화법. 소크라테스는 길거리에서 사람들에게 용기란 무엇인지, 행복은 무엇인지, 모두가 어렴풋이 안다고 믿어왔던 주제에 대해 날카로운 질문을 던졌다. 질문에 대한 답에는 더 깊고 확장된 질문을 하며 대화를 이어나갔다. 사람들은 소크라테스의 질문에 답변하기 위해 자신의 내면을 들여다보고 미처 알지 못했던 사실들을 깨우쳤으며 자신이 무지한 부분이 무엇인지 인식할 수 있었다. 제이는 소크라테스 식 문답법은 비즈니스 관계에 적용해 사업 성장에 필요한 요소가 무엇인지 통찰했다.

당신에게는
이미 독자성이 있다

많은 사람이 자신의 독자성, 가치, 재능을 바르게 표현하는 방법을 알지 못한다. 그리고 일이란 '접점을 연결하는 과정'이라는 것을 깨닫지 못한다.

우리의 독자성, 재능, 가치는 사회를 통해 발휘된다. 하고 싶은 일을 맘껏 하는 걸 말하는 게 아니다. 평생 하고 싶은 일을 찾아 헤매도 우리의 독자성에는 다다르지 못한다.

일이란 자신의 '독자적인 가치'를 타인에게 주는 것이다. 주는 만큼 보수로 돌아온다. 손끝 재주나 혀끝 말솜씨로 운 좋게 높은 보수를 받는 일도 분명 있지만, 그것만으로는 현재 자리에서 오래 버티지 못한다. 나는 십만 곳이 넘는 회사를 컨설팅해왔고 많은 경영자와 만났다. 그러면서 자신이 제공한 가치 이상의 보수를 받으며 지내다가 어딘가에서 막혀 더 나아가지 못하는 모습을 수도 없이 봐왔다. 중요한 건 이것이다.

타인의 관심을 받고 싶다면 먼저 상대에게 관심을 보여라.
타인에게 감동을 주고 싶다면 먼저 상대에게 감동하라.

입으로만 '멋지다' 말해도 그걸로는 아무것도 전해지지 않는다. 상대에게 감동을 주고 싶다면 살아 있는 질문을 던져라. 서로의 접점에 대해 깊이 이해할 필요가 있기 때문이다.

그런 교류 속에서 나 자신의 가치가 만들어진다.

나의 독자성, 재능이란 '상대가 인정한 가치'임을 잊어서는 안 된다. 가치를 줄수록 내 재능이 향상될 뿐 아니라 재능 있는 인물로도 인식된다. 이는 위대한 독자성으로 향하는 길이며, 이미 내게는 그 준비된 길을 걸어갈 권리가 있다.

그건 커리어를 발전시키는 것, 멋진 리더로서 성장하는 것, 내가 일하고 있는 회사나 열중하는 분야에서 더 좋은 팀원으로 성장하는 것, 고객이나 거래처를 열의와 열정으로 기쁘게 하는 것이다.

그건 예를 들면 봉사활동으로 더 큰 기쁨을 얻는 것일지 모른다. 가정을 좀 더 기분 좋은 곳으로 만드는 것일지 모른다. 어쩌면 그저 더 멋진 미소를 짓는 일인지도 모른다.

인간은 단순히 먹고사는 것만으로 살 수 있는 존재가 아니다. 주위 사람에게 용기를 북돋아주고, 따스하게 안아주고, 사랑스럽게 불러주는 여러 목적을 갖고 살아간다.

그 목적은 저마다 다르다. 처음부터 거창한 목표를 잡을 필요는 없다. 우선 주변 사람에게 가치를 선사하는 일부터 시작하라. 그 작은 걸음이 차곡차곡 쌓이는 데 의미가 있다.

다른 데서 찾을 필요는 없다. 나의 내면에 이미 그 가치가 있다. 부족한 것은 없다. 배움이 짧아 자격이 안 된다거나 경험도 돈도 없다고 생각하기에 앞서 지금 내가 갖고 있는 것을 사용해 어떤 가치를 주위에 전할지 집중하라. 여기에 성공한 인생에 이르는 비밀이 감춰져 있다.

인생의 목적이 심오한 차원에 존재하고 눈앞에 또렷이 그 길이 있음을 깨닫고 활용할 수 있다면 우리는 저절로 독자성을 발휘해 재능을 발견하고 타인에게 고마운 존재가 될 것이다.

그리고 그 가치를 서서히 발전시켜가면 내가 가야 할 방향이 또렷이 보인다. 이미 어디로 나아가야 할지 깨달았을 터다. 단지 아직 의식하지 못해 언어화·시각화되지 않았을 뿐이다.

제3강

나는 나의
응원군

The limit is only in your brain

"

내가 직면한 상황을 컨트롤할 수 있는 건

오직 나뿐이다.

"

우리는
생각이 너무 많다

내 삶에는 쓰라린 경험이 많았다.

그러나 지금은 오히려 그런 인생에 감사한다. 나는 제대로 고등교육을 받지 못했다. 학교교육은 한 인간의 성장과 자기 발견의 토대가 된다고들 말한다. 대학을 졸업하고 사회에 나오면 그 토대가 양분이 되어 세상 돌아가는 이치를 더 잘 이해하할 수 있도록 도와준다고 한다. 그러나 굳이 학교교육을 받지 않아도 경험으로 그 격차를 충분히 만회할 수 있다는 걸 내 인생이 증명한다.

텍사스 주 덴턴에 커다란 집을 사서 아내와 생활하기 시작했을 무렵이다. 당시 함께 일하던 클라이언트는 막대한 컨설팅료와 사업 소유권을 내게 약속했다. 그 대신 나중에 돈을 줄 테니 경비를 내 신용카드로 지불해달라고 부탁했다. 젊었던 나는 그러겠노라 했다.

그 뒤 갑자기 회사가 부도가 났다. 그 사실을 모르고 친구와 레스토랑에 점심을 먹으러 갔다가 큰 망신을 당했다. 신용카드를 사용할 수 없었던 것이다. 정든 집에도 소유권이전 통지가 날아와 쫓겨났고, 추수감사절엔 칠면조를 살 돈조차 없었다……. 결국 차까지 팔아 신용카드 결제금을 갚았다.

텍사스에 지인이 없는 탓에 다소 먼 오클라호마 주 털사에서 어렵사리 일할 기회를 얻었다. 그러나 아내는 내 일에는 일절 관여하고 싶지 않다며 두 아이와 함께 텍사스에 남아 있겠다고 했다. 어쩔 수 없이 평일에는 털사에서 일하고 주말에는 사백삼십육 킬로미터를 운전해 귀가했다.

평일에는 하룻밤에 팔 달러짜리 모텔에서 지냈다. 낡은 카펫 아래로 콘크리트가 훤히 보였고 바퀴벌레들이 기어 다니는 끔찍한 방이었다. 그곳에서 생활하며 세븐일레븐을 처음 알게 됐다. 아침엔 슬러피(slurpee, 얼음을 갈아 만든 음료로 우리나라에 알려진 이름은 슬러시-옮긴이)를 먹고 점심은 이 달러로 때운 뒤 저녁은 통조림 땅콩버터와 마카로니, 치즈로 해결했다.

월요일 아침에는 새벽 두 시에 일어났다. 교통정체를 피해 새벽

세 시에 집을 출발, 사백삼십육 킬로미터 떨어진 일터로 향했다. 금요일은 오후 세 시에 일을 마치고 중간지점인 오클라호마 시에서 팝콘 봉지에 볼일을 보고 다시 집을 향해 달렸다. 결국 반년 만에 일을 그만뒀다.

이 경험으로 배운 건 생존을 위해서는 '여하튼 하는 수밖에 없다'는 사실이었다. 사람들은 원하지 않는 일이 일어나면 불평하거나 자기 운명을 한탄하고 타인에게 의지하려 한다. 그러나 나는 밑바닥 인생일 때도 오로지 전진했다.

어떤 실패나 위기, 심각한 사태에 빠져도 결코 거기서 멈춰 있지 않았다. 경험에 힘입어 일어나 쉬지 않고 나아갔다. 그리고 반드시 나에게 질문을 던졌다. 과거를 돌아보며 실패로 무엇을 배웠는가 그 원인은 무엇인가 캐묻고 받아들였다. 그로 인해 미래를 더 좋은 것으로 만들 수 있었고 나아갈 수 있었다.

우리는 생각이 너무 많다. 실행에 대한 두려움이 행동을 억누른다. 내일이나 어제 일을 지나치게 걱정한다. 내일도 어제도 아닌 지금을 생각하라. 내일 일은 걱정하지 않아도 된다. 알 수 없는 미래를 미리 생각하기보다 지금이라는 '현재'를 사는 데 온 힘을 쏟아라.

우리는 생각이 너무 많다. 실행에 대한 두려움이 행동을 억누른다.
내일이나 어제 일을 지나치게 걱정한다. 내일도 어제도 아닌 지금을 생각하라.
내일 일은 걱정하지 않아도 된다. 알 수 없는 미래를 미리 생각하기보다
지금이라는 '현재'를 사는 데 온 힘을 쏟아라.

돈과 행복의 관계

그 뒤 나는 노력한 보람이 있어서 그럭저럭 성공해 대저택에 살며 늘 명품 옷을 걸치고 지냈다. 외제차를 여러 대 샀고 식사는 고급 레스토랑에서 했다. 극히 호사스러운 생활이었다. 매일 밤 샴페인을 두 병씩 비우며 들떠 있었다. 순식간에 오십만 달러나 쓰는 어리석은 짓을 하기도 했다.

그러나 호사스러운 생활이 나를 행복하게 만들어주었던 것은 결코 아니었다. 오히려 그것으로 현실을 알게 되었다.

삼십 년 전의 일이다. 당시 연간 팔백만 달러에서 천만 달러를 벌었다. 페라리 두 대, 집 세 채, 아름답고 매력적인 아내, 은행 예금은 수백만 달러 이상. 은행 대출은 한 푼도 없었다. 다른 빚도 없었다. 온 세상에 내 이름이 알려져 인기를 한 몸에 받으면서 거들먹거렸다. 그럼에도 불구하고, 나는 매우 비참한 나날을 보내고 있었다.

돈은 넘칠 정도로 충분히 벌었고 원하는 것은 뭐든 손에 넣었다. 로맨스도 즐기고 만족할 때까지 섹스도 하니 행복해야 했다. 성공을 이뤘으니 그럴 거라 믿었다. 그러나 사실은 우울했다. 하루하루가 괴롭고 갈등의 연속이었다. 돈, 차, 여자, 이 모든 것이 손에 들어오면 행복은 보장받은 것이나 진배없다고 생각했는데…….

그 이후 이런 내 마음을 이해하기 위해 전문의와 심리학자, 테라피스트에게 수만 달러의 돈을 들여 통원치료를 받았다. 필사적이었다. 그리고 어느 날 나를 완전히 바꿔놓는 답을 만났다. 어느 테라피스트가 한 말이다.

"불행히도 그리고 비극적이게도 사람은 결과에 지나치게 집착한다."

맞다. 수백만 달러를 벌고 높은 지위도 얻고 고급주택가에 집을 마련하고 매력적인 여성이나 잘생긴 남성이 늘 곁에 있다. 사천 달러짜리 정장을 입고 애스턴마틴(Aston Martin, 고급 스포츠카 제조업체) 컨버터블을 탄다.

한계는 내 머릿속에만 있다

그런 인생을 사람들은 청명한 하늘 아래 천사가 하프를 연주하는 꿈 같은 것이라 생각한다. 그러나 현실은 정반대였다. 인생이라는 건 결과가 아니라 그 결과에 이르는 과정 그 자체이기 때문이다.

인생엔 보증이 없다. 내일 일이 어떻게 될지 보장할 수 없다. 슬픈 일이지만 건강도 보장할 수 없다. 실제로 당장 내일 일이 어찌 될지도 전혀 알 수 없다.

유일하게 보증할 수 있는 건 내가 어떠한 행동을 하면 그 결과로서 얻고 즐기고 배우게 된다는 것이다. 다른 이와 교류하거나 대화를 나누며 얻은 것, 누군가에게 배운 것, 가르친 것⋯⋯. 결국 우리 모두는 선생인 동시에 학생이다. 그 경험을 누군가와 공유하며 살아간다. 이처럼 그때마다 일어나는 과정이 중요한 것이다.

인생의 전환점이 된 테라피스트의 말을 듣고 나는 지금이라는 순간을 즐기고 모든 것에 감사하는 법을 배웠다. 고급차나 여자, 고급호텔 같은 사치는 저녁식사 뒤의 디저트 같은 걸로 여기게 됐다. 지금 이 순간을 소중히 여기며 살아가는 것을 배웠다. 과정이 곧 인생인 것이다.

실패를 남 탓으로
돌리지 마라

나는 인생에서 두 가지 실패를 모두 맛봤다. 경제적인 면과 결혼생활에서다. 무일푼이 되는 동시에 결혼생활도 파탄을 맞이했다. 모든 것을 잃었다고 생각했다.

두 번째 이혼을 했을 때는 정신적 우울이 두 달 내내 지속되고 내 가치가 모두 사라져버린 것처럼 느껴졌다. 미래가 암흑으로 텅 비어버린 나를 한탄했다. 그러나 어느 날 문득 이 비극 속에 반짝임이 느껴졌다.

"타인은 마음을 쓴다. 그러나 동시에 아무도 마음 쓰지 않는다."

난데없게 들릴지도 모르지만, 이 말은 최대한의 성과는 포기하고 최소한의 성과에 안주하도록 만드는 다른 이의 이야기를 마음에 담아두지 말라는 의미를 담고 있다. 당신에게 마음을 쓰는 건 견제를 위한 표면적 배려에 불과하다. 왜냐하면 인간은 늘 자신에게만 초점을 맞추고 있기 때문이다.

내가 여기서 포기하든 실수를 밑천 삼아 전진하겠다고 결의하든 이 실망을 추진력 삼아 날아오르리라 다짐하든 전혀 신경 쓰지 않는다. 내가 직면한 상황을 컨트롤할 수 있는 건 오직 나뿐이다.

불행은 일어나기 마련이다. 실망도 한다. 건강을 해치는 일도 있다. 업무나 인간관계에서도 문제는 생긴다. 가족 문제도 생길지 모른다. 상사가 문제일 수도 있다. 프로젝트가 어쩔 수 없이 철회되는 경우도 있다. 경제위기가 찾아올지도 모르고, 자연재해가 일어날지도 모른다. 불행의 원인을 타인에게서 찾는다고 무슨 방도가 생기는 건 아니다.

중요한 건 그 문제 자체가 아니라 어떻게 대처하는가다. 포기할지, 의기소침해질지, 그대로 주저앉아 뒷걸음질 칠지. 아니면, 실패를 딛고 이를 경험 삼아 앞으로 나아갈지. 인생에는 이 두 갈래의 가능성이 감춰져 있다.

불행한 사건에
대처하는 방법

역경과 만났을 때 가장 먼저 해야 할 일은 내 가치를 제대로 인식하는 것이다. 의기소침해지기도 할 테지만, 그렇다 해도 어쩔 수 없다. 그대로 있어서는 안 된다. 실패나 불행은 누구에게나 일어날 수 있는 일임을 인식한다. 그리고 내가 놓인 지금 환경에 어떤 형태로든 '나는 가치를 부여할 수 있다'고 스스로를 인정한다.

나의 가치를 만드는 구체적인 방법은 여러 가지가 있다. 나의 가치는 끊임없이 성장한다. 이해, 섬세함, 지식, 동정심, 감사의 마음 등이 그렇다. 살아 있는 한 나의 가치는 무한히 커진다.

나의 가치를 스스로 인식하지 않는다면 어느 누구도 나를 평가해줄 리 없다. 우리는 남자나 여자로서, 아내나 남편으로서, 아버지나 어머니로서, 친구나 연인으로서, 관리자나 경영자, 종업원으로서 참으로 다양한 가치가 있다.

우리는 다른 이의 인생에 도움의 손길을 내밀 수 있다. 가족이나 일, 혹은 지역 가운데서 내 행동으로 주위 사람의 인생을 바꿔놓는다. 나의 미소나 행동으로 모든 이들을 보다 나은 인간으로 만들어주고, 만족감을 안겨주거나, 행복감이나 장점을 인식하게끔 한다. 반대로 의기소침하게 굴며 주위를 어둡고 음습하게 할 수도 있다.

업무환경이든 사람들과 나누는 대화든, 혹은 육아나 연애에서도 마찬가지다. 내 상황을 한탄하고 불평하며 시간을 낭비할 수도 있다. 거기에 연인이나 친구를 끌어들이고 그들의 시간과 가치를 빼앗을 수도 있다.

중요한 건 타인에게 가치를 안겨줄 힘이 내게 있다는 사실을 이해하는 것이다. 나 자신을 그러한 존재라 믿지 않으면, 솔직하지 않으면, 어느 누구도 가치를 낳지 못한다. 눈앞의 역경에서 무엇을 배우고 어떻게 성장할 것인가. 그럴 수 있는 사람만이 목표를 달성할 수 있고 또한 그 경험을 통해 보다 많은 가치를 타인과 나눠 가질 수 있다.

셰익스피어의 희곡에는 이런 대사가 있다.

"너 자신에게 정직하라."

날 믿지 않으면 나 자신에게 솔직할 수 없다. 나의 가치는 곧 마음이다. 의지다. 타인에게 시킨다고 되는 일이 아니다.

이건 정말 아무리 강조해도 부족할 정도다. 나의 가치는 결코 어디에서 주어지는 것도, 평가받는 것도 아니다. 나의 가치는 내 마음속에서 만들어진다. 몇 차례 실패했다고 내 가치를 폄하해서는 안 된다.

절망 속에서도 한줄기 빛을 찾아내고 다시 일어나 걷겠다고 결의하는 건 그 누구도 아닌 바로 나 자신이다.

가치란 신실을 의미한다. 진실이란 타인의 인생에 가치를 안겨주는 힘이자 권한이며 또한 의무다. 가치란 공헌자이자 신성한 어떤 존재이기도 한 우리 자신이 만드는 것이다.

그건 재기 넘치는 교제일지 모른다. 보다 발전적인 인생이 되도록 끊임없이 지원하는 것일지도 모른다. 팀워크가 원활히 이뤄지도록 중재하는 것일지도 모른다. 잠자코 일하는 것일지도 모른다. 다른 이의 슬픔에 슬며시 다가가 위로를 건네는 친절함일지도 모른다.

환한 미소로 고객을 맞이하는 접수원이나 호텔 청소부, 경비원, 구두닦이, 택시 운전사, 경찰, 관공서 직원 등 빛나는 미소를 건네는 사람을 보면 큰 자애로움을 느낀다. 그리고 감사의 마음을 금할 수 없다. 그들에게서 신성한 무언가가 느껴지기 때문이다.

행복으로 가는 길은
외길뿐이다

안정이나 행복은 자신감, 신뢰, 존경, 확신에서 오는 것이다. 단 한 순간도 멈추지 않고 끊임없이 성장하고 공헌하는 일에서 우리의 힘이 비롯된다는 걸 이해하는 사람만이 가질 수 있는 것이다.

어떤 사람에게든 예기치 못한 때에 불행이나 실패는 찾아오기 마련이다. 성공하면 행복해질 수 있을 거라고들 생각하지만 결코 그렇지 않다. 인생은 아무것도 변하지 않는다. 돈이나 명예로는 행복할 수 없다. 안정감도 얻을 수 없다. 인생은 문제의 연속이다. 극복했다고 생각한 순간 다시 더 큰 문제가 찾아온다. 그렇게 쉽지 않고 문제를 극복하면서 성장하고 더욱 크게 공헌한다.

우리는 타인을 돕고 문제를 해결하고 개선할 기회를 제공한 공헌도에 따라 인생의 보수를 받는다. 그것이 안정감이나 행복감의 기초가 된다.

인생이란 곧 우리가 행한 행동이다. 이 행위가 얼마나 사회에 공헌하고 행복감을 안겨주고 충실감과 만족감을 사회나 시장에 더하는가. 이러한 본질을 이해한다면 실로 큰 강점이 되지만, 유감스럽게도 많은 사람들이 이 사실을 정확히 인식하지 못한다.

대부분은 자기 마음이 가치를 만든다는 걸 깨닫지 못한다. 내 믿음이 내 행동을 바꾸고 주위를 바꾸고 사회를 바꾼다는 걸 알지 못하는 것이다.

내 마음의 온전한 주인은 나다. 신념을 낳고 스스로 관리하는 것도 나다. 감정을 컨트롤하라는 의미가 아니다. 희로애락을 억누르는 것은 또 다른 문제다.

내면에서 끓어오르는 감정은 소중히 다뤄야 한다. 무시해서는 안 된다. 그런 내 마음을 잘 보살펴라. 그저 감정에 빠져 비관하며 지내는 것도, 거기서 깨달음을 얻고 다시 일어나 전진하는 것도 스스로 결정할 일이다.

나는 강요하고 싶지 않다. 스스로 행동하고 실천하고 충분히 납득하고, 나를 믿고 신념을 지킨다. 그렇게 한다고 일이 곧바로 술술

풀리는 건 물론 아니다. 비록 시간은 걸리겠지만 여하튼 내게 솔직해지는 것, 스스로를 믿는 것부터 시작하자. 변화는 아주 조금씩 나타나겠지만, 결과적으로 착실하게 내 미래가 변화할 것이다.

달인이 되려면 그게 어떤 분야건 평소 노력해야 한다. 기적은 일어나지 않는다. 강한 인내심이 필요하다. 다른 사람과의 교류나 일, 모든 상황에서 이해나 감정, 동정심, 존경, 감사는 내 마음가짐 하나로 달리 해석된다. 어느 누구도 나 대신 해줄 수 없다. 염원을 이루는 힘은 내게 있단 걸 반드시 기억하자.

답답한 한계에 갇힌 나를 자유로이 풀어주고 미래를 두려워하지 않고 지내는 것도 내 권한이다. 다른 사람과의 교류, 일로 얻은 기쁨이나 자극, 발견, 아름다움이나 만족감, 놀라움이라는 감정, 그리고 보수나 가능성이라는 경험의 기회를 저버리는 것도 마찬가지로 내 선택이다.

어떤 것을 선택하든 그 자유는 우리 자신에게 있다.

두려움은 시간 낭비다. 근심 걱정으로 시간을 허비하거나 남의 시선에 신경 쓰지 말자. 이런 헛된 시간, 결실로 이어지지 않는 부정적인 시간을 긍정적인 것, 앞으로 나아가게 만드는 일에 사용하고 나의 틀 밖으로 뛰쳐나와 다른 이들과 친구가 되어라. 그들의

답답한 한계에 갇힌 나를 자유로이 풀어주고
미래를 두려워하지 않고 지내는 것도 내 권한이다.
다른 사람과의 교류, 일로 얻은 기쁨이나 자극, 발견, 아름다움이나 만족감,
놀라움이라는 감정, 그리고 보수나 가능성이라는 경험의 기회를 저버리는 것도
마찬가지로 내 선택이다.

이야기를 들어주고 질문을 하고 마침내 공헌자가 되어라.

그러면서 우리의 인생은 천천히 그러나 안정과 행복을 향해 틀림없이 나아갈 것이다. 우리는 어떠한 때라도 기쁨과 감사가 함께하는 풍요로운 진정한 인생을 걷는다. 금전적 풍요는 저절로 뒤따른다.

나는 왜
일하는가

The limit is only in your brain

"
이건 우리가 풍요롭고 행복한 인생을 보내기 위한
유일한 비결이다.
"

내가 사는 세상을
더 좋은 곳으로 만든다

먼저 알아야 할 건 모든 것을 지금까지와는 다른 사고방식으로 바라봐야 한다는 사실이다. 그 방법에 대해 말하고자 한다.

"나는 왜 이곳에 존재하는가?"

나는 이 질문에 대답할 수 있을까? 평소 생각해본 적 있는가? 그 이유는 사실 단 하나다. '내가 존재하는 이 세상을 보다 좋은 곳으로 만들기 위해서'다. 그냥 해보는 말이 아니다. 어떤 계몽이나 종교적인 의도로 하는 말도 아니다. 형이상학적인 철학도 아니다. 이상적 꿈을 들려주는 것도 아니다. 이건 우리가 풍요롭고 행복한 인생을 보내기 위한 유일한 비결이다.

여기엔 각기 다른 수많은 방식이 존재하고, '나는 누구인가', '어떤 기회가 있는가'에 따라 다르다. 위대한 리더가 되어 팀의 성과를 극대화하거나 계발하거나 설레게 하거나, 지도하고 성장시키면 세상이 보다 좋아질지 모른다. 혹은 비즈니스를 통해서 사람들의 인생을 행복하고 안전하게 만들어주는 상품을 생산해 세상을 더 좋은 곳으로 만들 수도 있다.

누구보다도 좋은 일을 하는 최고의 종업원으로서 다른 사람의 본보기가 되고 직장에 큰 가치를 창출해 내 주변의 세계를 행복하게 만들지도 모른다. 아무도 차별하지 않고 대함으로 주변 사람들의 세상을 좋게 만든다. 가정에서 늘 차분하고 조화로운 태도를 가짐으로 가정을 더 좋은 곳으로 만든다.

버스나 전차 안에 앉아 있을 때나 엘리베이터에서 누군가와 시선이 마주쳤을 때도, 전화로 예비고객이나 문제고객, 혹은 거래처와 이야기할 때도 중요한 메시지를 전하거나 적절한 태도로 고마움을 전해 그들의 인생을 변화시킬 수 있을지 모른다.

이렇게 나의 존재로 타인에게 보다 나은 가치를 주고, 보다 좋은 세계로 만들어갈 수 있다면 우리의 인생은 풍요롭게 채워질 것이다.

행동할수록
가능성은 커진다

일상의 의식을 변혁하는 것은 인생을 변혁하기 위한 첫걸음이다.

이게 바로 대전제로 우리가 공유해야 할 '사고방식'이고 '멘탈 모델'이다.

그리고 우리 안에 잠든 '숭고함'을 일깨우겠다고 결단하고 그것을 활용하고, 숭고함에 이르는 행동이 무엇인지 이해하고, 그것이 동료나 경쟁 상대, 아내나 남편을 위한 행동으로 이어져 생산성과 성과, 영향을 안겨줄 때 비로소 인생은 달라진다.

행동할수록, 영향을 미칠수록, 가치를 부여할수록, 나의 가능성은 서서히 확대되어간다. 그것은 헤아릴 수 없을 만큼 수많은 성공을 낳고, 만족과 행복을 만들어내고, 수입을 증대시키고, 존경과 번영을 이루는 가능성이다.

자, 여기에 '왜 일하는가'에 대한 답이 있다.

당신이 일하는 의미는 바로…… '당신의 존재를 통해 이 세상에 가치를 창출하기 위해서'이다.

돈벌이가 목적인 한 우리는 결코 부자가 될 수 없다. 수입이 아무리 늘어봤자 손에서 더 많은 돈이 빠져나간다. 시간을 팔아 그저 시큰둥하게, 해고당하지 않을 정도의 최저한의 가치밖에 만들어내지 못하는 방식으로 일해선 수중에 돈이 남지 않는다.

우리는 일을 통해서 직장, 고객, 만나는 모든 사람에게 가치를 선사함으로 조금씩 풍요로워진다. 가치를 창출하는 데 더욱 초점을 맞추자. 그것은 밝은 얼굴로 고객을 대하는 것일지 모른다. 보이지 않는 구석도 철저히 청소하고 깨끗하게 환기까지 시키는 건지도 모른다.

'결과에 초점을 맞춘다'는 건 결코 돈이나 숫자의 결과를 말하지 않는다. 여기서 말하는 결과란 '얼마만큼 가치를 제공할 수 있는가'를 의미한다. 숫자를 좇는 것에 그치지 않고 가치를 제공하면 결국은 숫자의 결과도 더 좋은 결실을 맺는다. 우리는 그렇게 풍요로워진다.

사업의 이념이란
무엇인가

나는 오래전부터 비즈니스에서 가장 중요한 원동력은 이념이라고 말해왔다. 사업을 즉각 호전시켜 성장으로 이끄는 가장 손쉽고 빠른 방법은 '이념'을 돌아보는 것이다.

기업 대부분에는 이념이 없다. 상술은 뛰어나지만 단순히 눈앞에 있는 고객의 필요를 만족시키고 이번 주, 이번 달 운영자금을 어떻게든 마련하기 위해 수익 올릴 것만을 생각한다. 사업이 도달할 목표나 앞으로 이어갈 성공, 산출된 자산가치를 최대화하기 위한 청사진을 그려 성장할 생각은 눈곱만큼도 하지 않는다.

그러나 이를 얻기 위해서는 이념을 다시 한 번 돌아보지 않으면 안 된다. 이념이란 비즈니스 전반에 있어 가장 강력한 결의다. 비즈니스 모델과는 또 다르다. 비즈니스 모델이란 비즈니스를 작동하기 위한 기법을 의미한다. 델(Dell)의 비즈니스 모델은 디렉트세일즈였다. 애플의 비즈니스 모델은 기술로 소비자를 매료하고, 상품 구매를 최고의 경험으로 만들어 소비자를 주인공으로 느끼게 했다.

페덱스는 비서나 사무보조를 주인공으로 내세웠다. 중요한 서류나 내일 아침에 반드시 거래처에 도착해야 하는 화물이 생기면 상사는 비서에게 이렇게 말한다. "내일까지 이것을 전하도록!" 비서들이 제시간에 화물이 도착할 수 있도록 여기저기 확인하고 배송편을 수배하기 위해 엄청난 노력한다는 걸 페덱스는 잘 알고 있었다. 그래서 페덱스는 화물을 확실히 열 시에 전한다고 약속함으로써 페덱스를 이용하는 비서를 그 사무실의 주인공으로 만들었다.

TIP

페덱스 (FedEx)

해당 상품이나 서비스를 구매하는 사람은 누구인가? 그에게 가장 필요한 것, 그가 가장 원하는 것은 무엇인가? 페덱스는 소비자의 욕구를 영리하게 포착했다.

한계는 내 머릿속에만 있다

구멍을 파기 전에
왜 구멍을 파는지 생각한다

나의 비즈니스 모델은 미처 보지 못한 자산이나 활동, 과소평가된 기회를 찾아내 개선하는 것이다. 개선할 수 없다면 나의 가치는 없다고 봐야 한다.

한편 이념은 글자 그대로 비즈니스 모델에서 엄수하는 포괄적인 자세나 추구하는 큰 성과를 집약하고 발전하고 달성해야 할 온갖 비즈니스 요소의 목적과 수단을 나타내는 신념체계다.

많은 회사가 행하는 건 수단이다. 사업방법이다. 전술이다.

어떤 방법으로 마케팅하고 어디와 계약하고 어떻게 고객에게 접근하는가, 어떤 가격대로 어느 대상에게 무슨 제품을 파는가, 이것들은 모두 수단이다.

여기에 구덩이를 파는 사업이 있다고 가정해보자. 얼마나 빨리 정확하게 비용을 덜 들여 구덩이를 팔지 모두가 필사적으로 생각하고 하루하루 개선해간다. 늘 경쟁사와 다툰다.

그러나 이념에 기반한 비즈니스는 본디 그 구덩이를 파는 의미가 있는지부터 생각한다. 먼저 '왜 비즈니스를 하는가'에서 시작하는 것이다. 관점부터가 다르다.

그렇다면 어떻게 이념을 돌아봐야 할까?

첫째, 필요에 의한 것이라도 좋으니 현재 따르는 이념을 이해할 것. 내가 대체 '왜' 이 비즈니스를 하고 있는가, 어떤 신념으로 행하고 있는가. 현재 상황을 확인하는 것부터 시작해 곧 주체적이면서도 장기적인 이념을 결정해야 한다.

둘째, 비즈니스에서 무엇에 도전해 무엇을 달성하고 수립하고 유지할지 그 신념체계를 생각한다.

셋째, 큰 방침을 세웠다면 내가 추구하는 최대 성과를 신속하게 얻고 가장 오래도록 유지할 방법을 생각한다. 일단 생각하기 시작하면 지금까지의 사고과정을 다시금 돌아보게 된다. 결국 이것들을 생각하지 않으면 비즈니스는 성립되지 않는다. 그것을 확실히 인식할 필요가 있다.

이념을
단련하는 방법

자, 이제 구체적인 방법에 대해 얘기해보자. 시간을 들여 다음을 생각해보자.

① 업계 안팎에서 최고의 성과를 발휘하고 있으며 가장 인상적이고 지속적으로 성공의 길을 걷고 있는 강한 기업을 뽑아본다. 컴퓨터라면 애플, IT라면 구글이나 페이스북 등이다. 내가 속한 업계에서는 어떤 회사를 열거할 수 있을까? 업계 외 기업도 생각해보자.

② 이들 회사의 이념은 무엇인가. 그리고 실행하고 있는 비즈니스 모델은 어떤 것인가. 시간을 들여 생각해본다.

③ 이들 회사는 어떤 과정을 통해 이념을 실천하고 위업을 이뤄내려 하는가?

처음부터 명확한 이념을 가지진 못했을 것이다. 특정 시점에 이념을 재구축한 경우도 적지 않다. 어떻게 그런 생각을 하게 됐는지 창업자의 전기를 읽으면 이해할 수도 있다.

적어도 열두 명의 친구와 그들이 각기 알고 있는 열 내지 열다섯 곳의 회사를 함께 열거하고 그에 관한 이야기를 나눈다. 이런 과정을 통해 머릿속에서 목적과 수단의 차이가 더욱 분명해질 것이다.

다음으로 분석한 총 백 곳에 이르는 회사의 이념 가운데 어떤 이념을 참고하고 싶은지, 어떤 이념은 참고하고 싶지 않은지 생각하고, 최고의 비즈니스 이념을 힌트 삼아 자신의 사업에 도입해 차츰 다듬어간다.

프로그래머가 고기능 소프트웨어를 개발할 때처럼 우선 내가 무엇을 이루고 싶은지, 무엇을 배경 삼아 일하는지 이해해야만 최선의 이념이 탄생할 수 있다.

이념에 따라 어디까지 가면 만족할까, 여러 경영과제나 많은 직원 수, 높은 요구를 끌어안는 큰 기업으로 성장하고 싶은지 아니면 그 삼분의 일의 자본, 이분의 일의 인원, 사분의 일의 이익으로 족한지 알 수 있다. 사업목표를 달성하는 데는 이런 수많은 '기법'이 있다. 나의 궁극적인 목표 달성에 이바지할 때 이들 기법은 유용한 것이 된다.

이념을 다시 한 번 돌아보면 그 과정도 성과도 크게 달라진다. 이념을 올바르게 돌아봄으로 그것이 적절히 실행·유지되고 관리되고 체계화되고 그리고 영속적으로 이어져 성과가 서너 배 혹은 열 배가 되기도 하는 모습을 이제껏 봐왔다.

최근 중국에서 있었던 일이다. 작은 사탕회사를 경영하는 사장의 이야기다. 중국에는 사탕가게가 많아 그곳에서 사탕이 판매된다. 사장은 시장에 더 좋은 가격을 내놓기 위해서는 사탕가게가 먼저 성공해야 한다는 사실을 알아차렸다. 그래서 그는 사탕가게의 사업 구축을 모두 무상으로 지원하고 가르쳤다. 이 과정에서 경쟁사의 사탕도 팔 수 있었다.

자사의 사탕뿐 아니라 시장 그 자체를 육성하겠다고 결의한 결과 그들의 매상은 수십 배로 신장했다. 그 사장은 어느 날 구두 장인을 데리고 출장 중인 나를 찾아와 구두를 선물해줬다. 자기 인생을 바꿔준 답례라며.

이념이 변하면 회사에 새로운 능력이나 세력이 생겨난다. 자신을
포함한 누군가의 정신이나 온갖 행동에 생명을 불어넣는다.

한계는 내 머릿속에만 있다

거짓 USP,
진짜 USP

많은 사람이 USP(unique selling proposition)를 잘못 이해한다. 이를 설명하기 전에 우선 잘 알려진 '진짜' USP의 사례를 살펴보자.

　도미노 피자는 창업 당시 전혀 판매가 없어 거의 망하기 직전에 있었다. 작은 피자가게를 매수해 시작한 때의 공동 경영자는 앞날을 비관해 출자금 대신 낡은 중고차를 가지고 떠나버렸다. 가게는 당시 미시간 주의 대학 캠퍼스 거리에 있었다. 타깃은 근처에 사는 대학생들이었다. 토마스 S. 모너건은 그곳에서 거리가 가깝다는 장점을 내세워 광고했다.

"뜨거운 피자를 30분 이내에 배달해드립니다. 늦으면 값을 깎아 드립니다."

이것이 USP다. 고객에게 명확한 상품, 서비스 내용, 이점, 이익을 표현한다. 직구로 증거를 남긴다. 여기서 알아야 할 것은 '내 사업의 장점'이 무엇인지 고객 관점에서 생각하는 것이다.

단, '자사의 강점'을 추구하는 자세에는 착각하기 쉬운 매우 위험한 함정이 있다. 많은 회사가 마케팅방법이나 판매방식에 강점이 있다거나 자사 제품의 강점을 생각해 아주 미세한 점까지 공들여 장시간 거듭 회의하고 검토한다. 그러나 고객에게 사업의 이점 따윈 아무래도 좋다. 고객은 자신이 누릴 수 있는 이점이 무언지 알고 싶을 따름이다.

나는 경쟁사보다 얼마나 우수한 가치를 제공할 수 있는가. 고객에게 경쟁사보다 훨씬 웃도는 이익을 안겨주기 위해 내가 무엇을 하고 있는지, 무엇이 가능한지 깊이 생각해야 한다. 그저 말만 하는 게 아니라 그것을 몸소 표현하지 않으면 안 된다. 그것이 USP의 바른 의미다.

예를 들어 일본은 소비세가 오르면 값도 올려야 한다. 최근 저가 경쟁 전략을 택했던 한 체인점이 '가격인상을 위해 어떻게 하면 좋을지' 질문해왔다. 개성 없이 고객에게 이익, 서비스를 팔아서는 안

한계는 내 머릿속에만 있다

USP

USP란 뉴욕의 광고대행사 테드베이츠(Ted Bates) 사의 카피라이터인 로서 리브스(Rosser Reeves)가 처음 제안한 마케팅 전략이다. 간단히 '판매 특장점'이라 번역되기도 하는 USP는 다음 세 가지 조건을 갖추어야 한다.

1. 광고는 소비자에게 제품이 지닌 유일무이한 이점을 제시할 수 있어야 한다.
2. 제시하는 이점은 경쟁사의 제품이 제공할 수 없거나 제공하지 않은 것이어야 한다.
3. 이러한 제안은 소비자가 해당 제품을 구입하고자 할 만큼 충분히 강력해야 한다.

USP 전략에서 가장 중요한 것은 소비자 스스로가 광고를 통해 그 이점을 느낄 수 있어야 한다는 점이다. 단순히 자사가 주장하고 싶은 바를 광고 문구로 삽입한다고 효과를 볼 수 있는 건 아니다. 도미노 피자는 '30분이 지나면 값을 깎아준다'는 약속으로 '빠른 시간 안에' '식지 않은 피자가 배달된다'는 이점을 효과적으로 전달했다.

된다. 단순히 가격만을 내세워 다른 체인점과 전혀 차별점 없는 비즈니스를 하고 있다면 가격인상에 전전긍긍할 수밖에 없다.

입장을 바꿔보자. 물건을 사는 입장이라면 가격이나 제품 구색도, 평소 점포 분위기나 외관도 특별할 것 없는 데다 기분 좋게 상담해주는 것도 아니고 서비스도 보증도 평범한 회사를 이용하고 싶을까? 그저 마케팅 기법만 특별하고 광고 문구를 잘 뽑거나 아이돌을 기용해 대대적으로 광고를 쏟아내는 것만으로 계속 그 회사에서 물건을 살까? 최고의 광고사를 고용해 경쟁에 나선 순간 그 시장에서 회사의 지위는 순식간에 사라진다. 그런 회사를 나는 수없이 보아왔다.

USP는 무엇보다 이념과 일체화되지 않으면 안 된다. 어떤 가치를 제공할 수 있는가, 거기에 초점을 맞출 필요가 있다.

여기에 자신의 위치까지 명확히 표현할 수 있다면 경쟁에서 몇 배의 차이를 내며 성공할 수 있다. 고객에게 이를 명확하고 강렬하게 전할수록 거래는 증가한다. 그 방법론이 바로 마케팅인 것이다. 마케팅으로 분명하게 "이 상품은 당신을 위해 있다. 나를 위한 것이 아니다. 다른 곳에서는 구할 수 없는 것을 내게서 사라"고 전한다.

많은 사람이 '이노베이션'을 기술혁명이라고 착각한다. 물론 기술혁명이 필요할 때도 있지만 꼭 그렇지만은 않다.

내게 이노베이션이란 '고객의 생활과 상황에 커다란 이익 증대나 개선을 가능케 해 고마운 마음으로 내 가치를 인정해주는 것'이다.

고객이 고마워하지 않으면 제품을 열 배나 빨리, 잘 만드는 능력이 있어도 아무 의미 없다. 비용 절감을 통해 좋은 결과를 가져오지 못한다면 십분의 일의 비용으로 생산할 수 있다고 해도 무의미하다.

타깃 녹다운 전략으로
하루를 계획하라

나는 아침에 일어나자마자 그날 해야 할 일에 대해 생각한다. 그리고 가장 중요한 것부터 우선순위를 정한다. 모든 것을 하겠다고 생각하기보다 중요도가 높은 것부터 손을 댄다.

오늘 하루 안에 모든 일을 해내겠다거나 여러 일을 동일한 가치로 생각한다면 이도저도 해내지 못한다. 일단은 중요한 일부터 먼저 처리한다. 가령 오늘은 용무를 한 건밖에 볼 수 없다고 할 때, 그 단 한 건은 무엇으로 할까? 그렇게 선택한 이유는 무엇인가?

군대에서 사용하는 전략으로 '타깃 녹다운(target knockdown)'이라

한계는 내 머릿속에만 있다

는 것이 있다. 맨 처음 타격해야 할 목표가 무엇인지 파악하라는 것이다. 기본적으로 맨 처음에 타격해야 할 세 개의 타깃을 결정한다. 그리고 그 가운데 가장 처음에 타격할 것은 무엇인지, 그 이유는 무엇인지 그리고 타격에 가장 효과적인 무기는 뭘지 생각한다. 얼마나 근거리에서 정확히 타격할 수 있을지, 최고의 결과를 내기 위해서는 어떻게 할지 생각하는 것이다.

타임 매니지먼트(time management)란 오늘 내가 해야 할 세 가지 일을 결정하고 그 이유를 생각하는 것이다. 그 최초의 세 가지 일을 달성하는 데 의미가 있다. 중요한 일을 달성하지 않는다면 숫자는 무의미하다.

앞서 말한 스티븐 R. 코비 박사의 『성공하는 사람의 7가지 습관』에 나오는 '시간관리의 매트릭스'라는 개념을 참고하자. 그는 대부분 사람의 해결방법이 잘못됐다고 말한다.

나의 일정표를 체크하자.

지금까지의 매일을 돌아보고 반성해보면 얼마나 시간을 낭비했는지 깨닫게 될 것이다. 사람들은 유효한 시간의 팔십 퍼센트를 허투루 사용한다. 비생산적이고 쓸데없는 행동으로 허비해버린다. 통상 생산적인 시간은 이십 퍼센트도 되지 않는다. 그래서는 내가 달성하고자 하는 목표에 이를 수 없다.

내가 어디에 쓸데없이 시간을 허비하고 있는가, 어떻게 시간을 낭비하는가를 분석할 시간을 가져보자. 그것을 알면 내가 가진 능력이나 정열을 어디에 배분하면 될지가 보인다. 의미 없이 낭비해 온 일이 내가 잘하는 분야가 아니었을지 모른다. 그런 경우에는 주저하지 말고 다른 사람에게 맡긴다. 그렇게 해서 한정된 하루 스물네 시간을 최대한으로 이용할 수 있다.

　나는 잔디를 깎지 않는다. 요리도 하지 않는다. 아마 내가 한다고 해도 잘하지 못하고 시간도 낭비할 것이다. 직접 그런 일을 하기보다는 누군가에게 부탁하고 그 시간은 내가 가치를 낳을 수 있는 일에 효과적으로 사용한다.

한계는 내 머릿속에만 있다

팀 관리의
요점

팀 관리를 할 때는 사람을 고무시키고, 정기적으로 연락을 지도하고, 자신의 기대나 결과를 정확히 공유하거나 자신이 말한 것이 정확하게 전달되었는지 확인할 필요가 있다. 그 사람들이 하고 있는 일을 명확히 알아둘 필요가 있다. 이를 통해 그들이 정확히 이해했는지 여부를 알 수 있다.

나는 자신에게는 엄격하지만, 타인에게는 공평하고 명확한 기대를 가진다. 따라서 얼마만큼 진척되었는지 늘 보고받는다. 보고를 받으면 내 지도가 현재 상황에 적절한지, 아니면 재검토가 필요한

지가 보인다. 성과가 충분하지 않았던 사람에게는 그 뜻을 분명히 전한다. 그리고 그 프로젝트의 전 과정에 대해 질문을 반복하고 어디에 문제점이 있었는지 이해한다. 더불어 서로가 책임을 지는 형태로 장차 그들의 개선을 목표로 한다.

일과 여가의 적절한 균형을 유지하는 방법은 이처럼 시간을 현명하게 사용하는 것밖에 없다. 물론 나는 여가 활동을 위해 밖으로 나가기보다는 좀 더 많은 사람과 회사에 공헌해 기쁨을 느끼고 싶다.

그런 이유로 일 중독자가 되어 결혼생활이 파탄에 이르는 아픔도 겪어야 했다. 지금은 가족과 함께 시간을 보내려고 노력한다. 미식축구를 보러 가거나 집에서 영화를 보기도 하며 여유로운 마음으로 와인을 마시는 것도 내게는 소중한 시간이다. 손자나 아이들, 아내와의 시간도 소중하다.

그러나 역시 일을 통해서 사람에게 공헌하는 것이 최고로 기쁘다는 게 내 본심이다.

고객과
사랑에 빠져라

많은 사람이 잘못된 비즈니스를 하고 있다. 잘못된 방식으로 일하
고 있다.

　내가 지금까지 사업상 만난 많은 사람은 고객이 아닌 자사의 제
품이나 서비스를 사랑한다. 그들은 시장이나 업계에서 가장 인기
있고 잘 나가는 제품이나 서비스나 회사를 가지고 있기에 거기에
사로잡혀 있다. 회사를 설립한 누구나 급성장하고 싶어 한다, 그 시
장에서 가장 성공한 지배자가 되길 희망한다. 그리고 그 회사의 직
원들은 그 희망을 위해 모여서 교육을 받는다.

그러나 그건 완전히 잘못됐다.

자신의 회사나 제품, 서비스와 사랑에 빠져서는 안 된다. 고객과 사랑에 빠져야 한다.

고객을 내 연인처럼 생각해야 한다. 그러면 내가 하는 모든 행동, 추천한 모든 것, 모든 의사소통, 나아가 영혼과 존재에 대한 모든 것을 마치 연인에게 하듯 고객의 인생을 보다 높고 강하고 풍요롭게 만들 수 있다. 연인을 지키듯이 고객을 지키고 보다 이익을 올리고 흔들림 없는 존재가 되도록 지원한다.

고객의 인생을 보다 개선하도록 힘쓰며 살아감으로써 다른 경쟁에서 믿을 수 없는 독보적인 성과를 얻게 된다.

우리는 고객의 인생이 대담하게 개선, 확대되거나 보호받는 것을 지켜보기 위해 존재한다.

우선 고객을 '소비자'가 아닌 '클라이언트'로 보라. 우리가 제공하는 서비스에는 세 타입의 클라이언트가 있고, 그 가운데 한 타입만이 우리에게 돈을 지불한다. 본래의 의미인 고객이다. 다른 두 타입은 오히려 우리가 돈을 지불한다.

첫째는 팀원이나 스태프다. 그들을 연인으로 대하지 못하는 경우, 혹은 그들의 금전적·감정적 또는 정신적 면에서의 최대 성과, 성장, 이익, 만족, 행복, 목적, 가족의 행복을 생각하지 않는 경우 어떻게 될까? 맞다, 단결이 무너진다. 반대로 우리가 그들을 연인처

한계는 내 머릿속에만 있다

럼 대할 수 있다면 그들은 나의 비전을 달성시켜주는 최대의 '레버리지(leverage)'가 돼줄 것이다.

둘째는 거래처다. 그들을 단련해 성공에 이를 수 있도록 돕는다. 우리는 거래처에 필요 이상의 몫은 나눠 주고 싶지 않아 하면서 동시에 그들이 나의 최대 지원자가 되어주길 바란다. 거래처도 나와 마찬가지로 언제나 최선의 해결책이나 개선책을 제안해주길 바

내게 돈을 주는 대상뿐 아니라 내가 돈을 주는 대상 또한 고객이다. 이때 단순한 금전적 거래가 아닌 비전 달성을 위한 지원이 오간다.

랄 게 틀림없다.

이처럼 나와 관련된 사람들을 모두 클라이언트로서 대한다. 그럼으로써 나의 비즈니스나 사내에서의 지위, 시장에서 거두는 성공은 비약적으로 뻗어나갈 수 있다. 그런 사례를 수없이 봐왔다. 탁상공론이 아니다. 실제로 이를 꾸준히 실천해서 많은 비즈니스를 비약적으로 신장시켜왔다.

제5강

비판적 사고를
단련하라

The limit is only in your brain

"

사고방식의 힘이라는 것을 이해하고 최대한 활용해 나의 통제 아래에 두는 것.

이것이 비판적 사고다.

"

우리에게 약한 '비판적 사고'

비판적 사고란 사물의 상호관계를 보는 힘이다. 나를 이를 한 가지 사항이 다른 것에 얼마만큼 영향을 미치는가, 성과를 얻을 수 있는가, 그 가능성에 대해 분별하는 힘이라고 해석한다.

세계 수많은 나라 가운데 특히 남미나 아시아 여러 나라의 사람들은 매우 근면하다. 학습의욕도 높아서 학술적인 영역에 이르기까지 배우는 데 매우 의욕적이다. 그러나 이들 국가의 사람들에게 결여돼 있는 것이 있으니, 바로 비판적 사고를 실천하는 힘이다.

나는 이들 지역의 많은 사람이 비판적 사고라는 것을 완전히는 이해할 수 없다는 것을 알았다. 학습배경, 결국 학교교육의 영향 때문이다. 영어로는 '로트(rote)'라고 하는데, 로트 트레이닝이란 결국 기억훈련이다. 십에 오를 곱하고 그것을 삼으로 나눈다. 역사 연호를 외운다, 영어 숙어를 암기한다 등의 훈련을 말한다. 이들 지역의 교육은 기억훈련에 매우 충실하다.

한편 '이러면 이렇게 된다. 저것을 하면 저렇게 된다. 그렇다면 이렇게 하면 어떤 결과가 될까?' 하는 식의 사고훈련은 유감스럽게도 부족하다.

미국인은 사물의 관련성을 찾도록 교육받는다. 그것이 사고방식 (mindset)이 된다. 따라서 나의 생각을 비판적 사고로 좀 더 단련할 수 있다면, 나아가 어떤 행동을 했을 때 그 행동방식의 결과가 분명한 차이를 낳는다는 것을 이해할 수 있다면, 그것은 나의 강력한 힘이 된다. 과거의 경험을 분석하고 판단하고 취해야 할 행동을 바르게 확인할 수 있다면 결과가 눈에 보일 게 분명하다.

비판적 사고는 남녀노소를 불문하고 모든 사람에게 원동력이 된다. 결국 내 힘의 근원이라 할 수 있다. 비판적이고 총괄적으로 사물을 이해할수록 효과를 발휘한다. 총괄적이라는 말은 모든 것이 행동과 판단과 이어져 있어서 일이 발생하는 이유도 발생하지 않는 이유도 행동 그 자체와 관련돼 있다는 의미다.

예를 들면 일, 건강 문제, 금전 문제, 인간관계에는 우리가 제어할 수 없는 부분도 상당하지만, 제어 가능한 부분을 어떻게 컨트롤하고 생각하고 행동하는가 하는 것으로 그 결과가 달라진다.

나는 지금껏 살아오면서 수많은 사람을 봐왔다. 금전적으로 궁핍한 사람, 신체적 장애를 짊어진 사람, 평범한 전업주부를 비롯해 일반 사무직에 종사하는 사람 등등 다양한 환경의 사람과 만났다. 그리고 어떤 환경에서든 그 사람이 자기 의지와 행동으로 인생을 개척하는 것을 목격했다.

분명 인생에는 통제할 수 없는 비극도 일어난다. 지진이나 쓰나미 등 도저히 손쓸 수 없는 일도 일어난다. 그러나 그 뒤 사람들의 대처하는 모습을 보면 알 수 있듯, 그토록 비극적인 일에서 어떻게 대처하고 행동하는가는 저마다의 사고방식에서 비롯된다. 그 사고방식과 행동에 의해 이후의 결과가 달라진다.

요컨대 사고방식의 힘이라는 것을 이해하고 최대한 활용해 나의 통제 아래에 두는 것. 이것이 비판적 사고다.

긍정적이든 부정적이든 영향을 줄 수 있는 힘이나 요소, 세력을 이해하고 과거의 경험이 지닌 의미를 이해해 방식을 바꾸기만 해도 얼마든지 결과를 변화시킬 수 있음을 깨닫는 것이다.

미국 소설가 마크 트웨인은 수많은 명작을 남겼다. 사후 백 년이 지난 지금도 여전히 많은 사람들에게 사랑받는 작가다. 그의 소설 『톰 소여의 모험』에 등장하는 이야기 하나를 소개해보겠다. 이 책은 미국 중남부를 흐르는 미시시피 강가에 사는 사람들에 대해 쓴 것이다. 1870년대 이곳 사람들의 생활은 매우 여유롭고 온화했다. 톰 소여는 낙천적으로 하루하루를 살아가는 건강한 소년이다. 톰 소여가 사람들의 활력이나 스릴, 정열, 능력을 활용하는 기술은 매우 인상적이다.

어느 여름날 톰 소여는 이모에게 집을 둘러싼 엄청나게 긴 울타리를 페인트로 칠하라는 지시를 받았다. 오랜 시간이 걸리는 매우 고된 일이었다. 뜨거운 햇볕이 내리쬐는 가운데 온종일 일해도 끝낼 수 없을 것 같았다.

톰은 한 남자아이가 다가왔을 때 문득 무언가를 생각해내고는 매우 즐거운 척 페인트를 칠했다. 친구가 말을 걸어도 돌아보지 않고 마치 예술가 같은 눈빛으로 지금 막 칠한 곳을 점검했다.

친구가 말을 건넨다. "일해야 하나 보네." 그러나 톰은 대답한다. "일? 무슨 소리야? 이런 즐거운 일은 평소에는 할 수 없어. 이 울타리를 제대로 칠할 수 있는 건 천 명 중 한 명도 되지 않을 거야." 그러곤 친구가 한 번만 칠하게 해달라고 부탁해도 좀처럼 승낙하지 않는다.

친구는 자신의 소중한 보물을 줄 테니 페인트칠을 하게 해달라고 애원하기에 이른다. 다른 친구들까지 저마다 손에 선물을 들고 순서를 기다리기 시작했다. 톰이 나무 그늘에서 쉬는 동안 울타리는 세 번이나 덧칠해 완벽하게 끝냈고 톰의 손에는 선물이 가득 들려 있었다.

이 이야기의 교훈은 무엇일까?

톰 소여의 이야기를 읽고 '그게 대체 내 인생과 무슨 관계가 있다는 건가?', '내 사업의 성공과 어떤 식으로 연결돼 있는 건가?', '밝은 미래를 만드는 데 어떤 식으로 연결이 되나?', '멋진 사람과 만나는 데 과연 어떤 힌트를 얻을 수 있나?' 하고 생각할지 모른다. 그러나 밀접한 관련이 있다. 그런 관계성에 주목하는 사고방식이 비판적 사고다.

세상에는 인간의 문제를 해결하고, 타자의 목표 달성의 돕고, 어려움에 처한 사람에게 도움을 주는 데서 크나큰 기쁨을 느끼는 사람이 있다. 그러나 비판적 사고능력이 없다면, 혹은 다른 이에게 기쁨이나 열정을 선사하는 방법을 생각하지 못하면 그것은 실현되지 못한다.

인생에서 큰 발견이란 내 힘을 깨닫고 그것을 원동력으로 엄청난 성공을 얻었을 때 일어난다. 그것은 우리 인간이 타인보다 자신에게 더 마음을 쓰기 때문이다. 그것이 인간이라는 존재다. 원리상 인간이란 본래 자기 자신에게 초점을 맞추도록 돼 있다. 톰 소여의 발상력을 활용할 방안에 대한 위의 질문들은 타자에게 중요한 점을 초점을 맞추기보다 먼저 자신에게 맞추고 있다는 것을 알 수 있다.

내가 말하고자 하는 건 나 자신이 아닌 타인에게 초점을 맞추고 사물을 이해하라는 것이다. 타인을 부추기고 싶을 때, 타인을 고용할 때, 타인을 내 행동에 끌어들일 때, 먼저 해야 할 일은 어떻게 그들을 기쁘게 하고 들끓게 하고 격려하는가, 그것이 얼마만큼 내

게 이점이 되어 돌아오는지 생각하는 것이다. 늘 그러한 관점에서
이해하고 행동하지 않으면 안 된다.

새로운 관점으로
일상을 본다

이제 어떻게 비판적 사고를 단련할지 이야기해보자.

나는 여하튼 호기심을 불사른다. 만나는 사람마다 질문을 던지고 보다 많은 것을 깊이 이해하려고 한다. 질문하고 그 답을 이해하면서 그 사람의 인생이나 업무 상황을 알 수 있다. 나는 옛날부터 사물의 구조나 회사조직의 성립, 업무의 대처방식 등에 매우 호기심이 많았다.

예를 들어 정원을 바라보고 있다고 가정해보자. 이웃집 지붕이 보인다. 그 지붕은 뭐로 만들어져 있을까. 어떻게 집을 디자인한 걸

한계는 내 머릿속에만 있다

까. 저런 큰 집을 지탱하는 토대는 어떻게 만든 걸까. 화장실이나 부엌의 배관구조는 어떻게 되어 있을까. 도로 아래로 어떻게 하수도나 전력이 통과할까…… 이런 의문이 꼬리에 꼬리를 물고 떠오른다.

나무가 보인다. 정원 조명이 보인다. 테이블, 옷, 시계, 잔디, 많은 것이 눈에 들어온다. 그리고 생각한다. 이건 누가 발명했을까. 어떻게 만들었을까. 저 조명에 달린 사자 장식에는 어떤 의미가 있을까. 이 디자인, 이 스타일로 한 이유는 무엇일까. 어떻게 이런 큰 것을 운반했을까. 그리고 조사하거나 묻는다.

어디서 만나든 누구를 만나든 그 사람이 중요한 인물이든 아니든 나는 많은 것을 질문했다. 그리고 집중해 듣는다. 상대의 대답에 대해 좀 더 깊은 질문을 던지고 상대를 이해하려 노력한다.

예컨대 이런 식이다. 내가 어떤 일을 하는지 물었을 때 상대가 "휴대전화 회사의 고객 지원서비스를 맡고 있다"고 대답했다고 치자. 나는 거기서 "매우 흥미로운 일이군요. 업무상 애로점은 무엇인가요?"라고 묻는다. 그 답을 들으면 다시 "그 문제가 일어났을 때는 어떻게 하나요?" 하고 회사의 문제 해결방식에 대해 이야기를 진행시킨다.

이처럼 질문하면서 많은 양의 지식을 얻을 수 있다.

인간은 익숙한 것에 쾌적함을 느낀다. 여기 스포츠나 기계에는 흥미가 없고 예술에 관심이 있는 사람이 있다고 해보자. 그러면 아무래도 그 세계만을 고집하는 경향이 점차 강해진다. 그것은 국내일 수도 있고, 자신이 일하는 업계일 수도 있고, 고객 대응일 수도 있고, 기업가가 갖는 세계관일 수도 있다. 물론 성차에 따라서도 다르다. 모두 저마다 다른 현실적인 배경을 가진다. 부모, 태어나 자란 환경, 경험해온 인생, 학교경험, 그리고 DNA, 이런 것들로 흥미 범위가 저마다 달라진다.

그러나 그 흥미 있는 쾌적한 세계에만 머무르면 진보는 없다. 나의 가치, 가능성, 영향, 이해력은 그 이상 향상되지 않는다. 요컨대 나를 확장하는 것이 중요하다. 결국 기회가 있을 때마다 새로운 것을 배우고 나를 성장시켜가는 것이다. 서툰 분야를 경험해보는 것도 좋은 방법이다.

운동을 좋아한다면
뜨개질 책을 읽어라

나는 세미나를 할 때 참석자에게 어떤 것에 흥미가 있는지 묻는다. 그러면 참으로 다양한 답이 나온다. 요리, 카레이싱, 스포츠, 스타일이나 패션 등등. 그러면 나는 그들의 흥미와 완전히 반대가 되는 책이나 잡지를 건넨다.

요리나 바느질에 흥미가 있는 사람에게는 오토바이에 관한 책을 건넨다. 스포츠를 좋아하는 사람에게는 레이스 뜨기나 수예 책을 건넨다. 책을 읽고 그중 가장 재밌던 것이나 흥미롭게 생각한 것, 배운 것을 두세 항목 적어 제출하도록 과제를 낸다. 다음날 아침 그것을 열 명씩 모인 그룹 각자에게 나눠 준다. 그렇게 그룹 멤버 열 명은 제각기 다른 새로운 지식을 발견한다.

지금까지 그 열 명은 그 분야에 관심도 없고 이해할 기회조차 없었다. 심지어 그런 게 있다는 것조차 알지 못한 사람들이 짧은 시간에 수십 개의 새로운 발견을 공유하게 된다. 이게 바로 지식의 확장이다.

이것이 매일, 매주, 매년 쌓이면 나의 지식이 수십 배로 방대해질 뿐 아니라, 사회 흐름도 파악할 수 있고 비즈니스 파워, 커리어 파워도 커진다. 나아가 좀 더 활기로 가득한 뜻있는 인생을 맛보게 된다.

또한 여행을 권한다. 지금까지 상식이었던 것이 외부 세계에서는 비상식인 경우도 많다. 그렇게 자신의 시야나 사고를 확장시키는 건 매우 의미 있는 일이다.

지금 당신이 해야 할 일이 있다.

① 하루 한 사람씩 누군가와 이야기를 나누고 지금까지 알지 못했던 것을 배운다.
② 하루 최소 두 번, 지금까지 깊이 생각한 적 없는 것을 숙지한다.

꼭 이것들을 의식하고 하루하루를 보내라. 새로운 자극이 나의

인생이라는 건 적극적으로 성장하든가 아니면 정체하는 것이다.

늘 성장을 의식하지 않으면 안 된다.

자신의 한계라고 믿었던 것을 넓히고 선입견을 부수는 작업이 필요하다.

사고를 반드시 확장해줄 것이다.

인생이라는 건 적극적으로 성장하든가 아니면 정체하는 것이다. 늘 성장을 의식하지 않으면 안 된다. 자신의 한계라고 믿었던 것을 넓히고 선입견을 부수는 작업이 필요하다.

현명하게 살아가는 것, 식견을 가지고 사는 것, 인간으로서 존엄하게 산다는 것, 중요한 존재로서 산다는 것. 연인으로서, 아내로서, 남편으로서, 자식으로서, 친구로서…… 매우 다양한 관계에서 그렇다. 그러나 여하튼 그 관계들의 양상은 가치를 타인에게 주든가 아니면 빼앗든가 둘 중 하나다.

인생은 단 한순간도 멈추지 않고 늘 움직인다. 앞으로 나아가든 뒤로 물러서든 둘 중 하나다. 성장하든 오로지 죽음만을 기다리든 둘 중 하나다. 당연히 성장하리라 단정해서는 안 된다. 자신을 확장하지 않으면 불가능한 일이다.

왜 유능한 사람일수록 유연한가

비판적 사고란 흩어진 점과 점을 잇고 관계성을 찾아내는 능력이라고도 설명할 수 있다. 달리 말하면 그 점의 수만큼 상황패턴도 달라지는 것이다. 이때의 상황이란 비즈니스일 수도 있고 결혼일 수도, 그 밖의 다른 행동일 수도 있지만 여하튼 다양한 방식이 있다는 것을 인식하는 것이 중요하다.

또한 비판적 사고라는 건 단 하나의 요소가 좋든 싫든 계속 그 영향을 미친다는 것을 이해하는 것이기도 하다.

상대가 처한 상황, 입장을 이해하고 그 사람의 마음이 되어 받아들이는 능력이다.

일하거나 이야기할 때, 또는 운동할 때 인간이 뇌에서 사용하는 부분은 오 퍼센트에서 십 퍼센트 정도라고 한다. 이 때문에 인간은 뇌의 일부밖에 사용하지 않는다는 설이 지금까지 주류였다.

그런데 최근 뇌과학 연구에서 멍하니 아무것도 하지 않거나 누워 있을 때도 뇌가 활발하게 일한다는 사실이 밝혀졌다. 아직 연구자 사이에도 논란은 있지만 매우 흥미로운 결과다.

상황을 타파하거나 새로운 아이디어를 발견하거나 역경에 처했을 때 강한 마음을 유지하려는 뇌의 놀라운 능력은 최대한 긴장을 풀고 있을 때 불현듯 발휘되는 것이기 때문이다. 해결책을 꿈에서 봤다는 이야기도 자주 듣는다. 때문에 베갯머리에 메모장을 놓아두는 사람도 많다.

요즘은 모두들 생활이 너무 바빠 정신이 없다. 늘 지켜야 할 일정이 가득하고 침대에 누워서도 휴대전화로 메시지를 확인한다. 어린 시절부터 꽉 짜인 계획대로 생활해오고 아무 일정도 잡혀 있지 않으면 인격을 부정당한 듯한 기분이 든다는 사람도 있을 정도다. 분명 해야 할 일로 하루가 채워져 있고 그 일들을 처리하는 생활은 자신을 돌아볼 시간이 없어 인생에 방황이나 의문을 품을 겨를도 주지 않는다. 이 같은 상황에서는 비판적 사고가 작용하지 않는다. 문제 해결에 대한 깊은 고찰도 하지 않는다. 구멍을 열심히 파지만 대체 무엇 때문에 구멍을 파는지, 다른 사람에게 그것이 어떻게 보일지 균형적으로 생각할 수 없다.

업계 상식이나 세상의 상식, 다수의 의미에 대해 의심하는 일도 없다. 선배들이 해온 것들을 그대로 옳다고 생각한다.

문제는 그런 데서 혁신은 일어나지 않는다는 사실이다.

가정에서도 직장에서도 타인의 이야기를 들을 때는 자기 의견을 일단 보류하라. 아이가 학교에서 있었던 일을 이야기하고 남편이 직장에 대한 불평불만을 늘어놓을 때 거기서 무언가 판단하려는 사고를 멈추라. 판단하지 말고 적절한 질문을 반복함으로써 자신의 사고가 더욱 깊어질 수 있도록 도와야 한다. 이렇게 하면 서로의 비판적 사고가 움직이기 시작한다.

이처럼 상대를 이끌어가며 그의 성장을 돕고, 이로써 다시 자기 자신의 비판적 사고도 단련된다. 전혀 다른 방법을 생각하거나 지금까지 생각하지 못했던 아이디어가 용솟음치는 경험을 한다.

사고가 자유로이 깊어지는 시간을 모쪼록 소중히 생각하자. 반드시 하루를 깊이 돌아보고 조용한 장소에서 생각하는 습관을 가져라. 텔레비전을 보거나 인터넷으로 시간을 낭비하지 말고 생각하는 데 시간을 보내자.

군중심리를 벗어나라

행복한 결혼을 한 남자가 있었다. 매년 크리스마스가 되면 아내의 친정에서 로스트비프를 먹으며 함께 시간을 보냈다. 그때마다 남자는 아내와 장모가 요리를 오븐에 넣기 전 소고기 양쪽을 잘라서 버리는 모습을 보았다. 그러고 나서 오븐에서 네 시간 정도 구운 뒤에 로스트비프가 완성됐다.

결혼하고 첫 크리스마스에는 오븐에 넣기 전 날고기 양쪽을 잘라 버리는 것에 주의를 기울이지 않았다. 다음 해에도 알아차리지 못했다. 삼 년째에 겨우 그 남자는 물었다. 아내도 장모도 오븐에

한계는 내 머릿속에만 있다

넣기 전에 왜 날고기 양쪽을 잘라버리는지를. 그러자 어머니가 말했다.

"내 어머니한테 배웠지."

마침 그 해에는 아내의 할머니도 있기에 물었다.

"할머니는 왜 제 아내와 장모님에게 오븐에 넣기 전에 고기 양쪽을 잘라내라고 가르치셨나요?"

그러자 할머니는 말했다.

"옛날 아파트에 살 때는 집에 있는 오븐이 너무 작아서 정육점에서 제일 작은 소고기를 사도 들어가지 않았어. 생고기일 때 끄트머리를 잘라야만 겨우 넣을 수 있었거든."

이것으로 장모와 아내가 소고기를 무의미하게 잘랐다는 사실을 알게 됐다. 남이 하는 일을 의미도 없이 흉내 낸다. 아내와 장모도 할머니가 했던 것을 의미 없이 흉내 냈을 뿐이다.

여기서 우리는 어떤 교훈을 얻을 수 있다. 여기엔 군중심리라는 것도 작용해서 모두가 해온 일을 의미 없이 그저 이어간다. 그게 최고의 방법이 아니라도, 비록 만족도가 낮고 유효하지 않아도 지금까지 모두들 해왔다는 이유만으로 똑같이 행동한다.

어떤가? 이즈음에서 다시 한 번 자신의 행동을 돌아보는 것이!

군중심리

현대의 개개인은 모두 거대한 무리의 일부이다. 매스미디어의 영향력이 날로 커지고, 트위터와 페이스북 등 소셜네트워크를 통해 실시간으로 정보가 확산되면서 우리는 군중심리에서 점점 더 자유로울 수 없게 되었다. 사소한 선택이든 중대한 결정이든, 스스로 내린 결론에 대한 이유를 비판적 사고로 점검하지 않으면 쉽사리 군중심리에 휩쓸리게 된다. 나의 비전은 무엇인가? 그 비전이 다른 많은 사람들이 추구하는 것이기에 얼핏 중요해 보인 것은 아닌가? 다른 사람의 길을 따라가려 한다면 결코 그 사회에서 암묵적으로 억압하는 '나의 한계'에서 벗어날 수 없다.

제6강

심플하고 강력하게
성장하라

The limit is only in your brain

"

눈앞의 매상만을 위해 행동하면 결과는 반대로 흘러간다.
타인을 컨트롤하는 것은 자연계의 법칙에 반(反)한다.

"

사업은
단 세 가지 요소로 성립한다

젊었던 시절, 한 멘토가 물었다.

"제이, 사업이 성장하는 방법이 몇 가지나 된다고 생각하나?"

"글쎄요. 한 백 가지쯤 될까요?"

"아니, 단 세 가지일세."

나는 지금도 그때 배운 기본을 철저히 지키고 있다. 내가 백억 달러에 가까운 매출 증대를 달성한 방법은 실제로 이 세 가지 기본원리에 근거한다.

①구매자의 숫자를 늘린다

②거래액을 늘린다

③구매 빈도를 늘린다

대부분 중소기업은 이 숫자조차 제대로 파악하지 못할 테지만, 사업의 매우 중요한 기본원리다.

한 회사의 예를 들어보자. 천 명이 제품을 구입했고, 고객의 평균 구입액은 백 달러, 고객이 평균적으로 구입한 횟수는 연간 두 번이라고 가정한다. 매출 총액은 이십만 달러다.

고객 수(명)	평균 거래액(달러)	구매 빈도(회)	매출 총액(달러)
1,000	100	2	200,000

여기서 각 항목이 십 퍼센트씩 증가하면 어떻게 될까? 그럼 그 총합은 단순히 십 퍼센트 증가하는 데 그치지 않고 총 삼십삼 퍼센트가 증가한다. 그러나 이 원리를 철저히 이해하고 실천하는 사람은 매우 적다.

한계는 내 머릿속에만 있다

고객 수(명)		평균 거래액(달러)		구매 빈도(회)		매출 총액(달러)	
1,000		100		2		200,000	
10% 증가	1,100	10% 증가	110	10% 증가	2.2	33% 증가	266,200

세 개 항목에서 각각 십 퍼센트가 증가하면 매출 총액은 삼십삼 퍼센트가 증가한다.

내가 마케팅이나 컨설팅을 하면 엄청난 숫자의 매출 증대가 이뤄지는데 이건 결코 마법이 아니다. 요소 하나하나를 철저히 수치화하고 파악해서 기회의 손실이나 낭비를 찾는 것뿐이다.

예컨대 일 년에 두 번밖에 구입하지 않는 고객에게 전화나 편지로 이벤트를 알려 다시 한 번 오게 만드는 일은 그리 어렵지 않다. 하지만 그것만으로도 구매 빈도는 오십 퍼센트로 증가한다.

고객 수(명)		평균 거래액(달러)		구매 빈도(회)		매출 총액(달러)	
1,000		100		2		200,000	
10% 증가	1,100	10% 증가	110	10% 증가	2.2	33% 증가	266,200
33% 증가	1,333	25% 증가	125	50% 증가	3	150% 증가	499,875

이 결과를 보면 놀랍지 않은가?

요소 하나하나를 조금씩 증가시켜 결과를 비약적으로 신장시킨다. 기본에 충실해 성심을 다하여 숨어 있는 낭비를 없애는 것이 얼마나 효과적인지 먼저 이해해보자.

퓨처 페이싱,
고객 수를 늘리는 방법

고객 수를 늘리려 할 때 쉽게 광고를 떠올리는데, 그 전에 먼저 해야 할 일이 있다. 고객이 어떤 결과를 얻을지 이미지화 하는 일이다. 고객이 어떤 결과를 얻을지 생생히 시각적으로 떠올리는 것인데, 이를 '퓨처 페이싱(future facing)'이라고 한다. 고객이 나의 상품과 서비스를 사용했을 때 어떤 미래가 있는가, 그 밝은 미래에 대해 입체적인 그림을 그려라.

드릴을 판매한다고 해보자. 그것은 단순한 드릴이 아니다. 드릴로 뚫은 결과인 '구멍'을 팔고 있다는 사실을 잊어서는 안 된다.

문의에서 구매까지 이르는 비율을 '컨버전(conversion)'이라고 한다. 홍보 편지를 보내고 그중 몇 사람이 제품을 구입했는지 비율도 여기에 포함된다. 무작정 전단지를 인쇄해 여기저기 뿌려도 그 결과를 제대로 계측하지 않는다면 의미가 없다. 전단지를 만 장 배포하고 그중 백 건의 문의가 있고 열 명이 구입했을 경우의 컨버전은 일 퍼센트다.

TIP

전단지 배포		문의		구입		컨버전
10,000	→	100	→	10	→	$\frac{10}{10,000} = 1\%$

광고 노출		클릭		구입		컨버전
10,000	→	10	→	1	→	$\frac{1}{10,000} = 0.1\%$

동네 치킨집이든 다국적 대기업이든 광고는 컨버전 계측과 함께 진행해야 한다. 수치를 분석해 고객의 퓨처 페이싱에 근접한 광고를 제작할 수 있다. 온라인 광고든 오프라인 광고든 원리는 동일하다.

계측하는 방법은 간단하다. '무엇을 보고 연락하셨습니까?'라고 묻고, 판촉매체를 여러 종류 사용한 경우 각 매체마다 기호를 넣어

한계는 내 머릿속에만 있다

도 되고, 반송용 봉투나 엽서를 붙여 담당자를 배치할 수도 있다. 중요한 건 어떤 판촉을 했을 때 컨버전을 얼마큼 올렸는지 경영자는 철저히 파악해둬야 한다는 점이다.

애드워즈(AdWords, 구글의 온라인 광고 프로그램-옮긴이)에 PPC광고를 냈다고 해보자. 일만 명이 그 광고를 봤고, 클릭이 열 건 있고, 한 명이 구입했다면 컨버전은 0.1퍼센트가 된다. 이 수치를 두세 배 올리려면 어떻게 해야 할까? 그것을 생각한다. 헤드라인의 문구를 바꾸는 게 좋을까? 동영상으로 바꾸는 게 나을까? 색상은? 여러 가지 요소가 한데 얽혀 있지만 하나하나 테스트하면서 보다 좋은 방법으로 개선해간다.

처음에 이익을 올리지 못했어도 첫 구매를 획득한 이후 이익을 확보하는 방법도 있다. 첫 구매를 프런트엔드(front-end), 이후 이익을 얻기 위한 상품을 백엔드(back-end)라고 한다. 수수료를 지불해야 하는 영업방식을 도입하고 있다면 신규 구매고객의 매상을 모두 영업으로 돌리는 것도 한 가지 방법이다. 손해를 입었어도 이후 매상을 확보할 수 있다면 영업의 사기를 높이는 것이 효과적이다.

고객이 원하는 결과를 얻지 못할까 불안해한다면 그 불안에 관련된 위기를 모두 제거해주는 것도 중요하다. 이것을 '리스크 리버설(risk reversal)'이라고 한다. 결과를 얻지 못하면 돈을 되돌려주겠다고 공지하는 것도 한 가지 방법이지만 환불이 리스크 리버설의 모든 건 아니다. 결과를 얻을 수 있도록 보증하는 것이 바로 리스크 리버설의 진정한 의미다.

고객을
컨트롤해서는 안 된다

평균 거래액 부분에서 개선점은 구입액을 늘리는 것이다. 다만 이에 관해서는 '이념적인 설명'이 필요하다. 결코 고객을 조정하거나 선동해서는 안 된다. 어디까지나 양심, 윤리관, 정의에 근거해 행동해야 한다. 눈앞의 매상만을 위해 행동하면 결과는 반대로 흘러간다. 타인을 컨트롤하는 것은 자연계의 법칙에 반(反)한다.

예컨대 내가 물을 팔고 있다. 고객이 물 한 병을 정기적으로 구입하고 싶다고 신청해왔다. 나는 건강을 위해 하루에 물이 세 병 필요하다는 사실을 알고 있다. 이때 고객에게 "건강을 유지하기 위해서는 하루에 물이 세 병 필요합니다. 장기적으로 보면 이편이 건강 면에서 저렴하지요"라고 제대로 조언해야 한다.

사람이 물건을 살 때는 물건 자체가 아닌 거기서 얻을 수 있는 결과를 사는 것이다. 물건을 구매함으로써 얻을 수 있는 인생이나 사업에 영향을 주는 이점, 결과, 기쁨, 보장을 산다. 이것을 잊어서는 안된다.

그저 물건을 팔기만 하는 것이 아니다. 예를 들어 물의 경우 우리 몸이 그것을 원한다. 물은 갈증을 해소할 뿐 아니라 건강 유지에도 필수적이다. 그렇다면 '고객의 건강'이라는 최고의 결과를 위해 세일즈해야 한다. 고객에게 최고의 상품과 서비스를 제공해야한다. 기본적인 것이라도 가장 가치 있고 질 좋은 상품을 제공해서보다 긍정적인 결과를 가져와야 한다.

그 결과 구입액도 증가한다. 매번의 구입에서 이익과 기쁨을 주기로 목표 삼으면 나의 동기도 더욱 높아지고 더 고품질의 상품을 제공하겠다는 마음가짐으로 바뀐다. 이것이 평균 거래액이 증가하는 방법이다.

점과 점을
세심하게 잇는다

대부분 사람은 신규고객을 확보하는 데 지나치게 집착한다. 지금까지 한 번도 구매한 적 없는 사람에게 첫 구매를 유도하기보다 이전에 구입한 적 있는 사람이 재구매하도록 유도하는 게 더 손쉽다는 것을 기억하라. 신규고객 확보에는 비용도 든다. 상권이 한정되어 있는 이상 판촉비를 두 배 쏟아도 고객 수는 두 배가 되지 않는다.

예전에 자그마한 집을 사서 인테리어 업자에게 인테리어를 부탁한 적이 있다. 예산이 이만 달러뿐이라 집 절반은 손볼 수 없었다.

손볼 곳이 많다는 걸 알면서도 그 디자이너는 더 이상 연락해오지 않았다. 만약 반년 뒤 이만 달러를 모아 새로 업자에게 부탁할 때까지 그녀가 성실하게 연락했다면 나는 그녀에게 인테리어를 맡겼을 것이다.

평소 내 취향의 가구를 발견하고 연락해줬다면 내가 나중에 샀던 오천 달러짜리 소파도 그녀에게서 샀을 것이다. 만일 얼마 뒤에 큰 집을 구입할 때까지 지속적으로 연락했다면 내가 인테리어비로 지불한 십오만 달러도 그녀의 것이 됐을 것이다.

중요한 건 사람의 상황이 늘, 끊임없이 변한다는 사실이다. 돈을 쓰지 않는 사람이라도 그 뒤에 큰돈을 쓸지 모른다. 단순히 정기적으로 관심을 가지는 것만으로 크게 성장할 기회를 얻을 수 있다.

예컨대 미용실에 오는 고객에게 "한 달에 한 번 다듬거나 염색을 하면 이 이미지를 유지할 수 있어요. 다음 방문을 미리 예약해드릴까요?" 하고 제안해서 일정을 잡는다.

와인 전문점이라면 이런 방식이 가능하다. 지금 막 와인을 구입한 고객에게 다음 주 와인 디켄팅 이벤트에 와달라고 제안한다. 정기적으로 이벤트를 열어 고객에게 인상을 남긴다. 즐거움을 선사하거나 자극이나 놀라움, 기쁨이나 긍정적인 감정을 제공할수록 고객은 그 가게를 찾는다.

제조업에서는 각지에서 세미나를 열거나 다른 제조업사를 초대하기도 한다.

여기서 중요한 점은 기회가 주어지면 언제든 다른 회사와 좋은 관계를 형성해야 한다는 것이다. 많은 관계가 형성되면 그만큼 잠재적 기회가 증가한다. 점과 점을 잇는 것만으로 이익을 낳기 때문에 점의 수가 많아질수록 그 기회도 늘어난다.

고객이 점포를 방문할수록 교류의 기회가 증가한다. 친근함과 신뢰와 충성은 상호관계가 있다. 나아가 그것이 구매 빈도 증가, 구매액 증가로 이어진다.

누구든 특별한 서비스나 즐거운 일에는 함께하려 한다. 상품의 종류나 서비스에 따라 조금씩 다르지만 즐거운 일을 만들어내면 사람들은 모이게 마련이다. 날 찾아온 고객을 특별한 마음으로 대하면 고객도 나를 특별하게 볼 것이다.

비즈니스란 사람과 사람간의 교류다. '고객'이라 통틀어 말하지만, 상대는 단순히 돈을 쓰는 일개 기업이 아니다. 그들을 희망이나 꿈, 두려움, 슬픔, 취미가 있고 문제를 안고 있는 인간으로서 대하라. 그것을 인식한 뒤 교제를 나누고 친밀함을 더해 신뢰감을 얻고, 그 결과 방대한 구매액과 구매 빈도라는 성과를 얻을 수 있다.

나는 수많은 회사와 직종을 전전했고 그 경험을 다른 기업에서 응용했다. 그러는 동안 타 업계에서 얻은 아이디어를 다시 다른 업계에서 응용해 성공을 이끌어내며 널리 이름을 알렸다. 그 소문을 듣고 미국 전역의 수많은 기업이 나를 찾아왔다. 아이러니하게도 날 만나러 온 건 각 업계 최고의 전문가들이었다. 그들은 자기 업계의 탁월한 사업방법론을 알고 있다. 그럼에도 흔들리지 않을 지위를 굳히기 위해 내게 조언을 구한 것이다. 조언하기 전에 그들이 어떤 기법으로 일하는지 알아야 했다. 그들을 업계 최고의 조직으로 만들기 위해서는 그들의 일을 먼저 알아야 한다.

그 가운데 에드워드 데밍(Edwards Deming) 박사의 조직이 있었다. 박사의 기법에 관해 내게 조언을 구했던 건 아니다. 그들의 트레이닝 매출이 떨어졌기에 내게 컨설팅을 의뢰해온 것이다. 그들을 돕기 전에 내가 데밍 박사의 철학을 배울 필요가 있었다.

그런 이유로 데밍 사에서 생산성 향상에 대해 배웠다. 각 부서의 배치를 최적화하기 위한 구체적인 기법을 배웠다. 어떤 공정이든 상호관계를 가지면서 결과에 이른다. 우선 거기서 상호관계를 가지는 주요한 프로세스를 파악할 필요가 있다. 이어서 그 주요한 과정에 관련된 하위 프로세스를 파악하고 그 각각의 프로세스 중에서 원활히 이뤄지지 않는 부분을 식별하고 분석하면 각각의 프로세스를 가장 효과적으로 움직일 방법이 보인다. 이미 우리에게도 익숙한 '개선'이라는 것이다.

이를 기업의 모든 부서나 마케팅에 응용할 수 있다. 공장의 각 과정을 분해해 분석하고 잘하는 사람이 서툰 사람을 가르치거나 기계의 고장 빈도를 통계적으로 측정하거나 정밀도를 높인다. 그처럼 공정을 적확히 파악하고 최적화하는 과정을 비즈니스 전체에 응용하는 것이다.

비즈니스에서 백 명의 영업사원이 있다면 같은 상품을 백 개의 제각기 다른 마케팅으로 판매한다. 그중에는 한 번에 접점을 만드

품질경영의 원칙

에드워드 데밍은 수학자이자 통계학자이며 '품질경영'의 선구자이기도 하다. 생산 현장이 아닌 경영진에 의해 품질이 결정된다고 파악해 통계를 통해 품질을 관리하는 기법을 개발했다. 다음은 에드워드 데밍이 제시한 품질경영을 위한 원칙이다.

1. 지속적인 개선을 위해 목표의 일관성을 유지하라.
2. 새로운 철학을 채택하라.
3. 대량검사에 의존하지 말고 제조 및 구매 부서에는 사전에 마련된 품질 척도의 통계적 근거를 요구하라.
4. 납품업체를 결정할 때는 가격에 의존하지 말고 통계적 품질기준에 따라 품목별로 단일업체로 정한 뒤 장기적인 신뢰관계를 구축하라.
5. 시스템을 지속적으로 개선하라.
6. 관리자를 포함한 모든 직원의 업무에 현대적인 교육법을 사용하라.
7. 품질 향상은 곧 생산성 증대를 가져온다. 리더십을 가르치고 함양하라.
8. 조직 전반의 불안요인을 몰아내라.
9. 각 부서의 팀원 사이에 있는 벽을 허물고 모든 사람이 하나의 팀으로 일하게 하라.
10. 수단 없이 생산성만 올리도록 강요하는 수치로 나타낸 목표와 슬로건은 제거하라.
11. 목표 할당량을 적은 작업 표준을 제거하라.
12. 전문가로서의 자부심을 저해하는 요인을 제거하라.
13. 자율학습을 고무하고 적극적인 재교육 프로그램을 운용하라.
14. 최고 경영자의 지속적인 실행 서약을 명백히 정의하라. 직접적인 실행이 필요하다.

_한국일보, "브랜드 시대가 가고 '품질의 시대' 온다" 참고

한계는 내 머릿속에만 있다

는 데 능한 사람도 있지만 완전 이익을 확보하는 데 능숙한 사람
이 있고 여러 종류의 상품을 동시에 파는 데 능한 사람, 클라이언
트 확보에 특기를 가진 사람, 자영업자 대상의 영업에 능한 사람 등
참으로 다양한 사람들이 있다.

누가 무엇을 잘하는지, 어떻게 다른 사람과 차이를 만들 수 있는
지 먼저 그 이유를 분석한다. 알게 된 비결은 다른 사람에게 가르
친다. 그럼으로써 모두가 다른 업무방법을 익히고 성장한다.

마케팅에서 타깃에 얼마나 효과적으로 접근하는가, 최고의 제안
과 의사소통을 하는가, 반입 타이밍, 마무리의 질적 향상, 다른 관
계성을 이용해 넝쿨째 이익을 창출하는가, 소개를 부탁하거나 각
각의 일, 각각의 분야에 급성장을 이끌어내는 포인트가 있는데 아
무도 그것을 알아차리지 못했다.

각 부분은 대개 십 퍼센트씩 향상할지 모른다. 그러나 이삼십 개
의 프로세스 각각 부분에서 가장 강력한 개선 포인트를 찾아내면
추가비용 없이도 매출을 비약적으로 올릴 수 있다.

다음 회사는 데이터 분석을 하는 곳이었다. 갖가지 가설을 테스트하고 데이터베이스화 한다. 알고리즘으로 수천 가지의 변종을 신속하게 테스트했다. 요즘 말하는 '빅데이터'다. 거기서 세일즈, 상품, 고객서비스, 경쟁이 붙은 타사와의 차이 등 다양한 접근을 시험할 수 있다. 어느 지점에서 매출이 오르고 내려가는가, 어느 것이 취소되는가, 추가 판매를 어떻게 해내는가, 그 판매 사이클은 신장하는가, 줄어든 원인은 무엇인가, 함께 테스트하고 분석하며 많은 데이터를 보고 배웠다. 거기서 최대화가 얼마나 중요한지 배웠다.

한계는 내 머릿속에만 있다

다음으로 세계 최대의 소송 문제 전략회사가 찾아왔다. 매우 복잡한 소송을 다루는 법률 사무소의 컨설팅 회사다. 소송 사례에 따라 어떤 경우에 최대 이점을 얻을 수 있는지를 백오십 명의 박사 학위를 가진 사회학자와 심리학자가 해석했다. 남부와 북부의 차이, 개인과 기업 누구를 상대하는가, 외국기업과의 관련 여부에서 비롯된 차이, 원고인가 피고인가, 소송의 고통이나 슬픔의 정도, 그것이 모두 데이터베이스화 되어서 많은 것을 배울 수 있었다.

이런 경험에서 각각에 레버리지효과를 얻을 수 있는 지점을 찾아내 최적화·최대화를 거치면 결과가 수십 배나 달라진다는 것을 배웠다. 기하학적인 관점을 얻을 수 있었다. 보다 효과적인 방법이나 말하는 방식을 달리하는 것으로 몇 배나 매상이 증가하는 것을 배우고 하나씩 자세히 이해하고 자신의 것으로 만들어 실천했다.

터널 비전과 깔때기 비전

나는 여러 업계의 사백여 개 회사와 일해왔는데, 같은 업계 내의 많은 기업들이 동일한 방법을 사용해 일을 처리한다는 것을 알았다. 판매방식이나 접근방법에 대해 깊이 생각하지 않는다. 고객 확보나 재구매율 조사나 분석을 해도 경쟁을 벌이는 경쟁회사가 취하지 않은 새로운 방법을 생각해보려는 발상 자체를 하지 않았다.

대부분 기업은 수익을 단 하나의 기둥에 의지하고 있다. 회사 비즈니스에서 고객 확보나 판매 확대의 모든 수단을 단 하나의 모델로 실행하고 있다는 의미다. 이것을 나는 '다이빙대 모델'이라 부르는데, 이래서는 안 된다. 하나의 기둥이 아니라 마치 파르테논 신전처럼 여러 개의 기둥을 목표로 해야 한다. 경영의 다각화를 꾀해야 한다는 의미가 결코 아니다. 수익이라는 축을 하나가 아닌 여러 개로 늘려야 한다는 의미다.

많은 사람은 자기 경험에서 배운 것만으로 판단한다. 자신이 몸담은 업계의 매출 모델이나 전략 모델이 있으면 그것만을 본다. 평균보다 매출이 조금 높거나 나쁘거나, 경쟁에서 십 퍼센트 이기거나 지거나, 그런 근시안적인 사고방식을 '터널 비전(tunnel-vision)'이라 하며, 이는 업계의 상식에 안주한 상태를 가리킨다.

한편 더 나은 방법이 있지 않을까, 다른 이익 포인트는 없을까 늘 생각하는 것은 '깔때기 비전(funnel-vision)'이다. 타사 제품을 팔아도 좋다. 소개 시스템을 사용해봐도 좋다. 조인트벤처(joint venture, 각기 다른 기업이 공동의 사업을 위해 하나의 기업을 세우는 것-옮긴이)도 가능하다. 자사가 잘하는 분야를 전문화하고 그 라이선스를 팔 수 도 있다.

내 세미나에 참가한 사람의 예를 들어보겠다. 그는 제재소 경영자였는데 사업이 생각처럼 잘되지 않았다. 목재를 파는 지역은 한정되어 있었는데, 목재가 싸더라도 중량 문제로 거리가 멀면 운반비가 상당했다. 그렇다면 가까운 제재소에서 사는 편이 무조건 이득이다.

먼저 회사 상황을 철저히 살펴보았다. 국내외를 불문하고 모든 동업자와 비교해 어느 부분이 더 우수한지 조사했다. 그의 회사는

터널 비전과 깔때기 비전

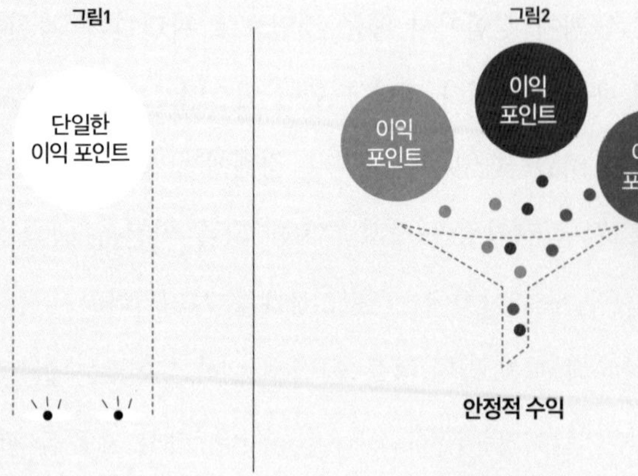

그림1

그림2

단일한
이익 포인트

이익
포인트

이익
포인트

이익
포인트

안정적 수익

그림1

터널 비전은 오로지 하나의 이익 포인트밖에 보지 못한다. 그리고 단 하나의 수익 모델에 모든 마케팅 역량을 총동원한다. 주위에 이익 포인트를 올릴 수많은 기회가 시야에 들어오지 않는 것이다. 터널 비전에 갇혀 있으면 작은 외부의 충격에도 위기를 맞기 쉽고, 위기를 극복하는 일 또한 어렵다.

그림2

깔때기 비전은 이익 포인트를 올릴 다양한 방법을 주위에서 찾으려 노력한다. 수익을 올릴 수 있는 모델을 여럿 만들어두면 하나의 모델에 위기가 찾아와도 다른 모델을 통해 안정적인 경영이 가능하다.

목재를 얇은 판자로 만들어 고품질 보드를 제작하는 기술이 특별히 뛰어났다. 라이벌 회사는 그 수를 헤아릴 수 없다. 그들에게 회사의 우수한 기술을 가르치자는 아이디어를 냈다. 가르친 만큼 요금을 받든가, 그의 회사 시스템 자체를 자원으로 삼든가.

그는 초기 단계에서 먼저 세미나를 열었다. 한 명당 삼천 달러의 세미나였다. 나는 그에게 말했다. "모처럼 삼백만 달러를 얻을 수 있는 기회를 알려줬는데 고작 삼천 달러만 받는 건가요?" 그 뒤 그는 수강료를 팔천 달러로 올렸다. 그럼에도 수많은 수강생이 모여들었다. 옵션을 추가해 이만오천 달러까지 올려도 세미나는 만석이었다. 그는 백오십만 달러의 매출을 올렸고, 매년 세미나를 개최하고 있다. 그 이익만도 오십만 달러다.

세미나와 경쟁으로 우수한 비즈니스 기법을 배우고 그것을 제조 시스템에 도입해 라이선스를 취득한다. 그리고 판매 혹은 대여한다. 이 경우 그가 본디 가지고 있던 독자적인 기술을 재활용했을 뿐이다. 내 세미나의 참가비는 닷새에 이만 달러로, 그가 지출한 비용 전부였다. 그러나 그는 백오십만 달러의 매출을 단숨에 올렸다.

부동산 매매의 경우 대개 평생 한두 번밖에 기회가 없다. 이때도 첫 거래에서 친근한 조언자로서 신뢰를 얻으면 장차 개축이나 다른 부동산 거래 때 연락해올지 모른다. 친구를 소개해줄 수도 있다. 이삿짐센터나 어디로 이전할지 고민하는 미용실을 소개해주고 수수료를 받을 수도 있다. 동업자를 위한 조언자가 될지도 모른다.

시야를 넓히자. 업계의 평균에 안주해서는 안 된다. 한 가지 수익 축에 의지하는 건 위험하다. 매출을 올린 영업담당이 그만둘지도 모른다. 도매처가 도산할지도 모른다. 지금 있는 것을 활용해 다른 방법으로 수익을 올릴 수 있을지 이모저모로 발상하지 않으면 안 된다. 경쟁으로도 수익을 올릴 방법이 있을지 모른다.

시간적 가치를
계측한다

LTV(Life Time Value, 평생고객가치)를 이해하는 건 매우 중요하다. 한 사람의 고객이 구매를 시작하고 떠날 때까지 어느 정도의 이익을 가져오는지 평균치를 파악하는 것이다.

사업 초기 단계에는 단순한 시스템이 필요하다. 고객 리스트, 구매이력(금액·구매 횟수·구입한 모든 상품)을 기록할 수 있는 소프트웨어가 있으면 좋다. 그조차 구입할 비용이 없다면 수기로 기록해 정보를 얻을 수 있다. 세밀한 사업일수록 고객의 이름을 기억하기도 쉬워 순식간에 친근감을 더할 수 있고 친분이 쌓여 소중한 친구가 되기도 한다. 고객 리스트가 이천 명이 되면 정보를 자동화한다. POS(금전등록기)를 이용하는 것도 유효하다.

사업을 막 시작해 LTV조차 모르는 경우는 일단 업계 평균보다 다소 적게 가설을 세운다. 이조차 파악하지 못한 상태에서는 광고를 찍어도 의미가 없다.

예 하나를 들겠다. 내가 아직 젊었던 시절의 이야기다. 아이시핫(ICY HOT)이라는 소염진통연고를 파는 회사가 있었다. 류머티즘 통증이나 근육통에 좋은 제품이었는데 당시엔 아직 류머티즘에 효과적인 약이 없었다. 그 회사는 광고비도 없었고, 판매력도 자금력도 없었다.

대부분 회사는 이 단계에서 포기하지만, 우리는 포기하지 않았다. 광고자금이 없다면 광고 없이 하면 된다. 고객을 얻을 수 있는데 돈을 쓴다, 결과에 초점을 맞추도록 마음을 변화시켜본다(Mind Shift). 발상의 전환이다.

먼저 고객정보에 초점을 맞출 것을 제안했다. 아직 어느 누구도 시도해보지 않은 방법이었다. 부가가치의 순이익을 생각해보았다. 백 명의 신규고객을 확보했다면 그들의 구매패턴이나 재구매율, 구매금액과 함께 지속적으로 구매한 기간을 조사했다. 거기서 이제 현재의 지출계획을 세우고 고객 한 명을 얻는 데 필요한 예산을 살펴본다. 내가 처음 생각해낸 것이다.

백 명의 고객 중 칠십 명은 일 년에 열두 개 이상 이 상품을 구매했다. 이들은 류머티즘 치료약이 발견되기 전까진 영구히 구매할지도 모른다.

상품의 판매가는 약 삼 달러였다. 원가는 공임과 운반비를 포함해 오십오 센트였다. 생산비용은 매우 낮았다. 그래서 라디오방송국, 텔레비전방송국, 신문사, 잡지 등 온갖 광고매체에 제안을 하나했다.

그 제안이란 빈 광고란에 이 상품을 싣고, 상품이 팔리는 경우에만 매상의 백십오 퍼센트를 지불하겠다는 것이었다. 전례가 없던 일이기에 매체들도 처음엔 우리를 미쳤다고 생각했던 듯하다. 그러나 언론매체에게 광고란은 본래 비용이 전혀 들지 않는 건수다. 게다가 팔리지 않는 시간대의 광고다. 지방 라디오방송국이 가장 먼저 광고를 내보냈다.

원가는 오십오 센트다. 첫 구매자의 칠십 퍼센트가 매년 열두 개씩 상품을 샀다. 매년 삼십 달러의 이익이 예상되기 때문에 처음에 라디오방송국에 삼 달러 사십오 센트를 지불해도 매상은 자동으로 오른다.

또한 세트 판매도 도입했다. 한 개씩 낱개로 계속 사는 것보다 한꺼번에 구입하는 게 편리하다. 라디오를 들은 사람은 지방 약국에 상품이 있는지 문의했다. 게다가 시험 삼아 이 상품을 구입한 고객에게 다른 상품 두 개를 권하자 사십 퍼센트가 둘 다 구매했고 그 횟수는 연간 다섯 번이나 됐다. 이렇게 해서 일 년 반 뒤에 이 사업은 이십만 달러의 비즈니스가 됐고, 다시 일 년 뒤에는 백삼십만 달러의 매출을 기록했다.

광고비는 전혀 들어가지 않은 대신 결과에 투자했다. 이윽고 드러그스토어, 슈퍼마켓, 도매업자가 상품을 취급하고 싶다고 요청하면서 회사는 크게 약진했고 그 결과 대기업 제약회사가 거액으로 그 회사를 샀다.

불가능한 일에 초점을 맞추는 것이 아니라 가능성을 믿고 마인드시프트를 한다. 자금이 충분하지 않은 건 어느 회사나 마찬가지다. 코카콜라 같은 대기업과는 다르다. 광고자금이 없다고 한탄하는 사람이 많지만 그렇다고 포기해서는 안 된다.

TIP

효과가 확실한 제품을 개발하고도 자금이 없어 홍보하지 못하는 업체가 많다. LTV를 파악하면 활로를 찾을 수 있다. 아이시핫은 지금도 꾸준히 판매되고 있다.

한계는 내 머릿속에만 있다

또 다른 예를 들어보겠다. 이와 동일한 전략으로 수개월 뒤에 세 배의 이익을 올린 회사가 있다. 다른 업계에서도 유효한 예다. 대규모 농장이나 공장에 파이프를 파는 캘리포니아 주에 있는 회사였다. 그들이 찾아왔을 때 비즈니스는 절망적이었고 자금융통에 몸부림치고 있었다.

그들은 자기 사업을 완전히 이해하지 못했다. 나는 우선 고객의 구매패턴을 알려달라고 요청했다. 내 컨설팅을 받는 사람이라면 누구나 받는 기본적인 질문인데도 그들은 답하지 못했다.

그래서 지금 당장 회사로 돌아가 사업을 분석하고 오라고 지시했다. 나는 총매출에는 관심이 없다. 매출규모는 문제가 아니다. 중요한 것은 수익이다.

그들은 일주일 뒤 돌아와 분석내용을 보여주었다. 매번 신규고객에게 팔았다. 최악이다. 첫 구매는 최저 이백 달러였고, 그중 보합제(步合制, 실적과 능률에 따라 지급되는 임금제) 영업이 십 퍼센트를 가져갔다. 그러나 철저히 분석해보니 고객 한 명에게 최소 연간 다섯 번은 수요가 있다는 것을 알았다. 또한 최소 삼 년은 그 수요가 계속됐다.

그들은 때때로 첫 회에 만 달러의 매출을 올리기도 했다. 그러나 최저는 약 이백 달러, 이것이 연간 오 회로 만 달러, 삼 년이면 삼만 달러다.

그런 사실을 이해했을 때 이야기했다.

"알았습니다. 문제는 매우 간단합니다. 이삼 개월 안에 난관을 돌파하겠습니다. 다만 설명이 약간 필요합니다."

그들은 어떤 의미인지 물었다. 나는 설명을 이어갔다.

"영업부에 가서 그들과 다음과 같이 계약하십시오. 이 영업부가 기존고객에게서 이익을 확보하고 월간 평균 매출이 한 명당 사만 달러를 유지한다면 신규고객 매출의 백 퍼센트를 수수료로 지불하겠다고 말이지요."

그들은 일제히 두 손을 들고 말했다.

"그럴 수 없습니다. 매출 전액을 영업자에게 넘기는 터무니없는 짓은 할 수 없습니다."

"아니, 그것은 최악의 경우입니다. 첫 판매의 전액을 영업자에게 건네도 그보다 열 배의 매출을 올릴 수 있습니다. 돈을 잃지는 않을 겁니다. 신규고객을 얻는 비용이라고 생각하세요."

게다가 이 방법은 영업부의 사기를 올리는데 최고의 효과가 있다. 지금까지 받던 수수료의 열 배가 수중에 들어오기에 의욕은 그 전과 비교가 되지 않는다. 결과 삼 개월 뒤에는 세 배 이상의 이익을 올렸다. 아무런 투자도 하지 않고 말이다.

항상 놀라는 일이지만, 대부분의 회사는 이런 고객패턴을 이해하지 못하고 있다. 삼 퍼센트의 순이익이 오른다, 월 만 달러를 광

고비로 지출한다, 오 퍼센트를 영업 수수료로 지불했다, 의기양양
하게 경제학적 수치를 꼽지만 그것이 대체 무엇을 낳는단 말인가.

자본 없이도
사업을 시작할 수 있다

수천 명에 이르는 클라이언트가 어떻게 비즈니스를 위한 자본을 모으면 좋을지, 추가 자본 없이 수익을 늘리는 방법에 대한 조언을 구한다.

만일 옛날부터 전해져오는 방법대로 투자자에게서 자본을 끌어오거나 은행에서 빌리려 한다면 순식간에 컨트롤할 힘을 잃고 투자자는 두 번 다시 투자하지 않을 것이다. 지금은 수요가 공급을 상회하고 점차 증가하는 중인 고도성장기가 아니다.

현실을 들여다보자. 미국 경영관리학회나 매거진 「인크」의 조사

한계는 내 머릿속에만 있다

에 따르면 미국 신흥기업 열 곳 중 여덟 곳이 이 년 내에 도산한다고 한다. 나머지 두 곳 중 한 곳도 다시 삼 년 내에 사라진다. 육백 곳 중에서 단 한 곳만이 수익 천만 달러 규모의 기업이 되고, 그 가운데 오천만 달러 규모가 되는 건 천 곳 중 한 곳 이하다. 통상적인 데이터가 이러하다.

그러나 리스크를 제로에 가깝게 낮추고 결과는 최대한으로 올리는 것이 내 비즈니스 접근방식이다. 사업 자체는 사실 주식투자보다도 안전하다. 다른 사람이 하는 일에 돈을 거는 한 스스로 컨트롤할 수 없다. 자기 사업에서 이익을 낳는 건 리스크가 따르기 마련인 주식투자보다 훨씬 안전하다. 이를 흔히 레버리지라고 말하는데, 내가 생각하는 레버리지는 조금 의미가 다르다.

비즈니스의 각 과정이 각각 레버리지 포인트가 된다. 세일즈를 예로 들자면 어떤 식으로 표현을 할지, 얼마나 그 상품이나 서비스의 매력을 전했는지 분석하는 것이다. 그리 어려운 일은 아니다. 누구나 할 수 있으나 단지 나 자신이 어떻게 많은 기회를 가지고 있는지 분석하는 일이 필요하다.

내게 기회란 무엇인가? 그것이 어디에 감춰져 있는지 발견하지 않고는 그 기회를 효과적으로 살릴 수 없다.

예를 들어 운동을 하려고 한다. 당신은 축구밖에 모른다. 그 밖에도 수많은 운동은 모르는 채 오직 축구만 알고 있는데 당신이

리스크를 제로에 가깝게 낮추고 결과는 최대한으로 올리는 것이
내 비즈니스 접근방식이다. 사업 자체는 사실 주식투자보다도 안전하다.
다른 사람이 하는 일에 돈을 거는 한 스스로 컨트롤할 수 없다. 자기 사업에서
이익을 낳는 건 리스크가 따르기 마련인 주식투자보다 훨씬 안전하다.

팀플레이에 서투른 부류라면 어떨까? 세상엔 달리기나 등산도 있다. 그러나 축구만 알고 있으면 그 기회를 모두 놓치고 만다. 늘 시야를 넓혀야 한다.

무에서 유를 창조하는
비즈니스 전략

내가 나고 자란 인디애나폴리스에서 돈이 없어 거의 파산에 이르렀을 때의 이야기다. 도산한 회사에서 생산한 카세트테이프를 압수했지만 어떻게 현금으로 바꿔야 할지 몰라 고민하던 지인이 있었다. 나는 마을의 잡화점에 가서 그 테이프를 팔아달라고 부탁했지만 그럴 여력이 없다고 했다.

그렇다면 내게 선반을 빌려주지 않겠냐고 물었다. 그 선반에 카세트를 진열하고 팔린 만큼 수수료를 지불한다. 가게 주인은 손도 대지 않고 가욋벌이를 할 수 있다는 제안에 선반을 빌려주기로 했

한계는 내 머릿속에만 있다

다. 시골이던 인디애나폴리스에는 아직 음악 카세트를 파는 가게가 없었기 때문에 틀림없이 잘 팔릴 거라 생각했다.

체인 편의점도 카세트를 선반에 진열하는 루트가 따로 없었다. 그 뒤 마을에 서서히 카세트테이프가 나돌면서 카세트테이프를 파는 도매업자가 나를 찾아왔다. 이번엔 편의점 선반에 배치할 권리가 내게 있었기 때문에 인디애나폴리스 온 마을의 판매권은 내가 독점하겠다고 제안했다. 이렇게 쌍방 계약을 주고받은 뒤 아르바이트생을 고용해 각 점포에 카세트를 진열하거나 판매 현황을 체크하게 했다. 나는 집에 가만히 있으면서 매주 사천 달러의 수입을 얻을 수 있었다.

이처럼 아무것도 없는 곳에서도 수익을 올릴 수 있다. 점과 점을 연결하기만 하면 몇 억의 비즈니스가 될 가능성이 언제 어디서든 굴러 들어온다. 그 점과 점 사이에 있는 관계성을 발견함으로써 기회를 찾는다.

광고비 0원으로
이만 명을 모으다

내 시간과 노력에 '레버리지 법칙'으로 이익을 보다 크게 키우는 방법을 생각해야 한다.

예전 어느 스포츠클럽에서 본래 구십오 달러짜리 회원권 육 개월분의 우대권을 한 장당 칠십오 센트로 판 적이 있다. 그 뒤 나는 부티크에서 이백 달러 이상의 매상을 올린 고객에게 이것을 무료로 선물할 수 있도록 이만 장을 배포했다.

이 스포츠클럽에 만오천 달러가 현금으로 즉시 들어온 것은 물론 이만 명의 예비고객이 반년간 찾아왔다. 이 클럽은 단 일 달러

한계는 내 머릿속에만 있다

의 광고비도 홍보에 쓴 적이 없다.

반년 뒤 그 스포츠클럽은 이만 명 중 적어도 오 퍼센트가 회원으로 등록해 구만오천 달러의 수입을 얻었다. 거의 모두 순이익이다.

나의 클라이언트였던 부티크는 단 칠십오 센트밖에 돈이 들지 않는 구십오 달러의 회원권 육 개월분을 옷을 구입한 고객에게 선물로 주었다. 이 또한 물론 멋진 판촉이다.

그 외에도 기념주화 제조업자가 있었다. 고객에게 원가 이십삼 달러로 '입문자 세트'를 판매하게 했다. 광고와 광고우편으로 육만 명이 구입했다. 그 업자는 구입 리스트에 있는 육만 명에게 접촉해 최저 천 달러의 기념주화를 육천 명에게 재판매할 수 있었다. 육백만 달러다.

반년 동안에 그 육천 명에게 다시 접촉하여 그중 이천 명이 삼천 달러에서 오천 달러의 기념주화를 구입했다. 다시 육백만 달러다. 그 뒤에도 그 고객에게 접촉하여 오백 명에게 평균 만 달러 이상을 판매할 수 있었다.

처음에는 전혀 이익이 없던 이십삼 달러였지만 그 결과는 수십 억의 매출로 돌아왔다. 내 컨설팅료인 오만 달러도 흔쾌히 지급해 줬다.

만일 내가 세탁소를 운영하고 있다면 단골손님에게만 월정액으로 서비스를 제공하면 어떨까? 만일 가구를 팔고 있다면 구입한 고객에게 일 년에 네 번, 백 달러 정도의 인테리어 상담을 무료로 서비스하면 어떨까? 이로써 일 년에 네 번의 판매 기회를 얻을 수 있다. 만일 원예업자라면 매년 관리와 제초작업으로 추가 계약할 수 있다.

사실 간단하지만 사업에 따라 다른 아이디어를 적용해보고 잘된 경우에는 이 방법을 라이선스로 판매할 수도 있다. 동업자에게 팔 수도 있고 다른 업종에 팔 수 있다. 또한 세미나를 열어 가르칠 수도 있다.

내가 시도해서 성공한 판촉방법을 매월 오천 달러에서 오십만 달러의 수익 모델로 바꿔갈 수 있다. 나는 이 같은 방식으로 고객이 투자한 것을 몇 배의 성과로 끌어올려 자금원으로 만드는 방법을 가르쳐왔다.

한계는 내 머릿속에만 있다

독창성에
집착하지 마라

아이스크림이 발명된 것은 기원전 2000년이다. 와플도 옛날부터 있었다. 그러나 그로부터 3900년 뒤 뉴욕의 센트럴파크에서 아이스크림 장수가 컵이 떨어져 궁여지책으로 옆 가게의 와플을 컵 대신 사용할 때까지 아이스크림콘은 존재하지 않았다.

빵을 구운 건 기원전 2600년의 일이고, 그 훨씬 이전부터 인간은 고기를 구워 먹었다. 그럼에도 인간이 이 두 가지를 합쳐 햄버거를 만든 건 그로부터 4300년이 지나서다.

이미 있는 것들 사이에서 관계성을 발견할 수 있다면, 그것을 연결해 독자적인 유통망을 창출할 수 있다면, 엄청난 사업기회를 만들 수 있다. 독자적인 기술이나 독자적인 서비스에 집착할 필요는 없다.

어느 클라이언트는 내 세미나를 듣고 사우스캐롤라이나로 돌아가 내가 말한 대로 실천해 무일푼으로 비즈니스를 창출했다. 어느 국립공원에 마른 솔잎이 떨어진 채로 방치돼 있었다. 그는 솔잎이 좋은 비료가 된다는 정보를 듣고 공원을 지나는 운송을 마친 빈 트럭에 눈독을 들였다. 운송회사에 연락해 이익 분배를 조건으로 돌아오는 트럭에 이 솔잎을 운반해줄 것을 제안했다. 운송회사의 입장에서 보면 한 푼도 들이지 않고 넝쿨째 이익이 들어오는 것이라 받아들이지 않을 리 없다.

그 이후 그는 대학생을 고용해 모아놓은 솔잎을 퇴비로 판매했다. 거기서 매년 사십만 달러의 이익이 창출됐다.

또 다른 클라이언트는 크루즈에 눈독을 들였다. 몇 주 동안 운행하는 크루즈 선박이다. 먼저 선박회사에 제안해 크루즈 선내에 아트갤러리를 만드는 권리를 얻었다. 그로부터 서서히 아트갤러리와 교섭했다. 크루즈 고객은 며칠 동안 매일 그림을 보게 되기 때문에 비즈니스 기회가 있다고 보았던 것이다. 영업도 갤러리에서 파견했다. 이렇게 갤러리의 매출 일부를 이익으로 나눴다.

대형 플리마켓의 시작도 마찬가지다. 로즈볼(Rose Bowl, 미국의 유서 깊은 풋볼경기장-옮긴이)은 시즌 외에는 주차장이 거의 비어 있었다. 먼저 경기장 측과 교섭했다. 매 주말 특별한 일정이 없을 때 이 주차장에서 플리마켓을 열 권리를 확보했다. 그 뒤 지인인 플리마켓의 주최자에게 연락해 이익을 나누고 대형 플리마켓을 개최하자고 제안했다. 이것은 연간 이백만 달러 규모의 비즈니스가 됐다.

젊은 시절 투자 조언가로 뉴스레터를 발행하는 회사와 일한 적이 있다. 이 뉴스레터를 발송할 때 다른 회사의 전단지를 넣는다면

TIP

로즈볼 플리마켓. 현재는 패서디나 지역의 관광명소가 됐다.

사진ⓒ네이버 블로거 Eva

어떻지 생각하고 각 출판사와 교섭해 제휴 권리를 얻어 동봉한 적이 있다.

이처럼 기회는 어디에나 있다. 직접 자본을 마련할 필요는 없다. 필요한 것은 지혜다. 점과 점을 잇고 새로운 기회를 창출할 수 있다면 당신은 억 단위의 비즈니스를 그 자리에서 시작할 수 있다.

비즈니스의
포트폴리오를 준비한다

내가 주식투자나 외환투자를 하고 있다면 직감만으로 자금을 전부 한 곳에 쏟아붓지는 않을 것이다. 포트폴리오를 만들고 리턴(return)의 좋고 나쁨을 검토한다. 그리고 견실한 종목에는 더 많이, 하이 리스크인 종목에는 소액만 투자하는 식으로 자금을 운용한다.

그럼에도 대부분은 사업을 갑작스레 시작해 직감으로 자금을 몽땅 투입한다. 나아가 처음부터 한계까지 은행에서 돈을 빌리거나 설비투자를 하거나 사람을 고용한다. 경영자 스스로도 휴식도 잠자는 시간도 없이 일하지만 벌이는 얼마 되지 않든가 겨우 생활을 유지하는 정도에 불과하다.

그런 방식으로는 잘되지 않는다. 가능한 한 투자는 적게, 현금화가 금방 가능한 방법을 생각해야 한다. 할 수 있는 일부터 시작해야 한다. 실패해도 최소한의 아픔으로 끝내는 방법을 생각해 시작해야 한다. 시작했다면 모든 것을 회사 내에서 해결하려 하지 말고 분담할 수 있는 곳에 맡겨 함께 이익을 최대화할 수 있도록 협력한다.

사업 결과는 철저히 계측하고 관찰해야 한다. 투자 포트폴리오처럼 수익을 파악하지 않으면 안 된다. 배치한 인재가 적절한지, 그 사람의 재능을 이끌어내고 최고의 성과를 낼 수 있도록 적재적소에 사람을 두지 않으면 안 된다. 잃어버린 기회비용도 파악해야 한다.

요컨대 철저히 비즈니스를 파악해야만 한다.

지금의 사회 시스템은 모두 경쟁에서 이기는 데 초점이 맞춰져 있
다. 그런 탓에 모두가 피폐해져 있다.

사고방식, 관점을 바꿔야 한다. '게임 체인지'를 도입하는 것이
다. 내가 아이디어를 발신해 주위나 고객과 관계를 맺고 세력범위
를 바꾼다. 내가 규칙을 만드는 쪽이 된다. 비즈니스에 대한 자각을
새롭게 한다. 비즈니스에 쓰는 시간이나 돈으로 얻은 결과, 달성한
것, 번영, 영향력, 발명을 구가한다. 우리에게는 그럴 자격이 있다.

경쟁을 포함해 어떻게 시장 전체에 새로운 가치를 창조할 수 있

을까, 그런 관점에서 생각하는 것이다. 그런 일로 이익을 얻을 수 없다고 생각하는 건 지금까지 피폐한 사회 시스템이 만든 잘못된 자본주의에 빠져 있다는 증거다. 사실 서로 뺏고 빼앗기에 이익이 생기지 않는 것이다.

애플 컴퓨터는 분명 시장점유에서 마이크로소프트 사에 밀렸다. 자본제공도 받았다. 그 무렵 시장점유에 초점이 맞춰져 있었기 때문이다. 그러나 곧 그들은 독자성을 추구하기 시작했다. 얼마나 새로운 가치를 기술로 창출하는가, 거기에 초점을 맞추고 궤도를 수정하고 회사 전체가 매진했기에 현재의 애플이 있는 것이다.

종업원으로 일한다 해도 지금 관계하는 사람들과의 관계성을 강화해서 지금까지 경험해보지 못한 곳으로 갈 수 있다.

내가 몸담고 있는 부서, 그리고 관련한 부문, 고객, 서비스 등 모든 곳에 지금 내가 하는 일과의 관계성이 있다. 그 관계성을 조금씩 보다 나은 것으로 개선하기 위해 어떻게 하면 좋을지 시간을 들여 깊이 생각해보자.

자기 사업 전체를 살펴보고 포트폴리오 중 개선 가능한 포인트를 찾고, 균형적으로 효율화하는 데 초점을 맞춰보자. 무슨 일이든 어떤 업무 하나는 대개 다른 여러 일들과 복잡하게 얽혀 있다. 그 일의 내용을 세심하게 분석하고, 인식하고, 보다 더 좋게 개선할 점을 발견할 수 있다.

그 답은 무엇일까? 인사, 미소는 어떤가? 비품의 진열방식은 적절한가? 동료를 경쟁상대로 보는가, 함께 성장해가는 동지로 보는가? 상사의 이야기에 적절히 맞장구를 치면서 깊이 생각하며 듣는가? 자신이 제대로 이해했는지 확인하고 있는가?

상사에게 내가 가진 문제점에 대해 논리정연하게 설명할 수 없을지 모른다. 그러나 이해해주지 못할 거라 단정하기 전에 눈코 뜰 새 없이 바쁜 상사가 나의 상황을 곧바로 이해할 수 있도록 논리를 갖추는 것이 좋다.

반대로 상사의 입장이라면 내가 부하의 업무시간을 빼앗고 있지는 않은지, 그들 고민의 본질을 이해하고 있는지, 소심해져 회의자료 작성에 쫓기고 있지는 않은지, 일을 지시할 뿐 아니라 그 일이 지향하는 목표와 의의를 제대로 설명하고 있는지 살펴보자. 아니면 좀 더 여유롭게 시간을 들여 부하의 이야기를 충분히 들어주는 게 좋을지 모른다. 서로의 생각 차이에서 불만이 생겨 자존심을 유지할 수 없는 상태로 일하는 중일지도 모른다. 상대의 이야기를 진지하게 듣고 있는가? 아니면, 이야기 도중에 판단해버리고 상대에 대해 불완전한 마음인 채로 이야기를 끝내버리는가?

영업처의 고객은 나 개인과 관계성이 구축되어 있는가, 아니면 그저 인사만 하는 정도인가. 내가 만일 위기에 처한다면 나를 따를 고객인가, 아니면 그저 회사 간판 덕에 유지되는 관계인가.

나의 비즈니스, 그리고 개인적인 인생에서도 투자 포트폴리오처럼 계획을 세우고 분석하고 깊이 생각할 시간을 갖는 것이 무엇보다 중요하다.

그리고 지식을 쌓는 것도 중요하다. 나는 다양한 일을 하는 게 좋다. 여러 분야의 사람들과 만나고 전문지식을 배운다. 그런 사람과 격주로 만나 이야기를 나누려 늘 마음 쓴다. 매일 두 시간 이상, 지식을 쌓는 데 시간을 할애한다. 거의 질문을 하고 상대의 이야기를 듣는다. 책을 읽는 깃도 중요하지만 우수한 사람과 나누는 살아 있는 대화만큼 힘이 되는 건 없다.

내 세계의 밖으로 나와 사람과 만나 이야기를 나누면 참으로 많은 것을 배울 수 있다. 젊은 시절에는 취업 면접조차 그 기회로 생각했다. 당신도 꼭 자신의 가능성에 한계를 설정하지 말고 다양한 사람에게서 끊임없이 배워라.

마케팅은
죽었다

The limit is only in your brain

"

마케팅이란 사람들에게 좋은 인생을 보내기 위해 도움을 주는
가장 성실하고 순수한 비즈니스 활동의 본질이다.

"

마케팅에 대한 오해

마케팅의 기본원칙을 엄격하게 지키면서 조금씩 성공해온 나이지만, 오늘날의 마케팅에는 경고를 보내고 싶다.

원래 내가 컨설팅을 시작했을 무렵은 마케팅의 중요성이 인지되지 않아 아무리 멋진 상품이 있어도 그것을 제대로 홍보하지 못해 사업에 실패하는 기업이 많았다. 경영학은 나의 특기 분야는 아니지만, 마케팅을 활용함으로써 비즈니스 전체를 끌어올릴 수 있었다.

그러나 오늘날 마케팅은 오해받고 있다. 마케팅 기법이 뛰어나면 다소 상품가치가 낮고 서비스의 질이 나빠도 단기적으로는 이익을 만들 수 있다, 급격히 비즈니스를 발전시킬 수도 있다는 식이다.

마케팅의 지엽적인 기법만을 다루고 그것이 홀로 나아가기 시작했다. 디렉트마케팅의 노하우가 정보사업에 활용되고, 잘못된 전략이나 전술이 아시아 모든 국가까지 흘러갔다. 이념도 설명도 없이 그저 방법만이 널리 확산됐다.

마케팅은 어떤 의미에서 죽었다.

'마케팅의 거장'이라 불리는 나도 마케팅에 사망선고를 내린다.

비즈니스의 목적이나 정신이 있을 때 마케팅은 비로소 올바르게 기능한다. 예를 들어 애플은 매우 좋은 마케터이기 때문에 무턱대고 나쁘게 말할 수가 없다. 그들의 비즈니스의 목적이나 사회에 대한 대응은 신뢰를 얻고 있다.

인터넷의 여명기부터, 미국에서 콘텐츠를 인터넷상에서 사고파는 정보사업 시장이 형성되었을 때도 나는 이미 마케팅에 종사하고 있었다. 당초에는 매우 강력한 방법이었기 때문에 마케터가 무엇을 목적으로 하는지는 관계가 없었다. 물론 나쁜 목적을 가진 사람도 있었다. 사람을 속이거나 시장의 가치라는 걸 모르는 사람도 있었지만 그런 사람이라도 시장 그 자체를 신뢰했기에 일시적으로 부를 축적했다.

정보사업이 시작되었을 당시에는 젊은 사람도 능력에 맞지 않을 만큼 고수입을 거뒀다. 그리고 그들은 그 돈이나 힘을 활용했다.

그러나 힘을 가지고 있어도 그것을 바르게 사용하지 않으면, 우수한 가치를 제공하기 위해 사용하지 않으면 그 잘못된 능력은 이윽고 자기 자신을 향하게 된다. 유감스럽지만 그것이 비즈니스 법칙이고 자연계의 법칙이다.

테크닉만으로는
의미가 없다

광고 일을 하면서 알게 된 사실이다. 외부 광고에는 큰돈을 지불하면서도 자사 직원은 일류가 아니라며 얕잡아보는 사람이 더러 있다. 이미 많은 인재가 있는데 그들을 키우려 하지 않는다. 외부의 인간에게 큰돈을 지불할 마음이라면 그 돈으로 우수한 사람을 한 명 고용해 직원으로 교육하면 될 텐데 그렇게 하지 않는다.

언제나 이상하다고 생각했는데 오만 달러, 십만 달러의 컨설팅료를 지불하면서 고객에게 상품을 보낼 때는 괜히 며칠이나 걸리는 배송수단을 이용하는 사람이 있었다. 고작 팔 달러를 절약하기 위해서였다.

광고우편을 보내는 일을 하는 사람이 있었다. 그는 보험을 권하기 위해 연간 백만 통의 편지를 발송했다. 나는 왜 회신용 봉투를 동봉하지 않는지 물었다. 그가 내켜하지 않았기에 다음에 보내는 십만 통 중 이만 통이라도 좋으니 회신용 봉투를 동봉하라고 조언했다. 그 결과 세 배의 회신을 받았다.

이것이 제대로 된 마케팅의 사고방식이다. 흔히들 생각하는 마케팅과 다르지 않을까 싶다.

표면적인 것에 그치지 않고 깊이 파고들어 생각한다. 진심으로 감정을 이입해 거래 상대가 무엇을 이해하고 존중하고 어떤 식으로 세상을 보고 있는지 이해한다. 고객이 말로 표현하지 못한 숨겨진 바람이나 걱정을 찾아내고 해결한다. 그 관점에 입각할 때 비로소 마케팅은 바르게 기능한다.

많은 사람이 자기 본위로 잔재주에 의존해 그릇된 방향에 초점을 맞춘다. 차례로 여러 가지 기법을 도입하고는 생각처럼 잘되지 않는다고 한탄하고 다른 누군가의 탓으로 돌린다. 블로그, 페이스북, 새로운 미디어가 등장할 때마다 달려들어 큰돈을 지불하고 노하우를 배운다. 그러나 고객의 정신적인 고민이나 불안, 희망이나 꿈은 이해하지 못한다. 이해하려고도 하지 않는다. 단순히 버는 데만 초점을 맞춘다.

나는 많은 마케팅 아이디어를 제시해왔고, 그 마케팅 기술이 비록 독자적인 것은 아닐지라도 실천을 반복해서 누구보다 세련되게 도입해 많은 기업의 위기를 구해온 데 대해 자긍심을 느낀다.

하지만 아이디어의 테크닉만을 다룬다면 의미는 없다. 고객을 배려하고 이해하고 있다는 것을 전하기 위해서 마케팅은 존재한다. 거기서 신뢰가 시작되고 신뢰만이 기업가와 고객 모두의 번영을 가져온다.

신뢰가 관계성을 유지하는 열쇠이고, 그 모든 것이다.

마케팅이란 사람들에게 좋은 인생을 보내기 위해 도움을 주는 가장 성실하고 순수한 비즈니스 활동의 본질이다.

아이디어의 테크닉만을 다룬다면 의미는 없다.
고객을 배려하고 이해하고 있다는 것을 전하기 위해서 마케팅은 존재한다.
거기서 신뢰가 시작되고 신뢰만이 기업가와 고객 모두의 번영을 가져온다.

잃어버린 기회를
되찾아라

많은 회사가 판매량만을 좇는다. 반응은 몇 퍼센트였는가, 구매액은 어느 정도였는가, 수치가 그럭저럭 나왔다며 만족한다.

그러나 나의 마케팅은 오히려 수익을 내지 못한 부문의 수치에 주목한다. 거기에 얼마만큼의 가능성이 있는가, 어떻게 하면 그 잃어버린 수치를 이익으로 바꿀 것인가에 초점을 맞춘다. 안타깝게도 그 의미를 이해할 수 있는 마케터는 거의 없지 싶다.

한번은 방대한 대기업의 고객 유출에 대한 데이터 분석을 도운 적이 있다. 단골고객이 구매를 멈추는 동기에 대해 엄청난 양의 데이터를 조사했다.

그 한 가지 이유는 무슨 일이 일어났을 때다. 여행, 질병, 부상, 잦은 출장, 업무상 누군가를 대신해야 했다, 간병할 필요가 있었다. 이런 때는 분명 지금까지의 정기적인 구입을 중단하지 않으면 안 된다. 어찌됐든 구입을 재개할 거라 낙관적으로 생각할 테지만 사실은 그로 인해 돌아올 수 없게 되는 셈이다.

이런 문제는 간단히 해결할 수 있다. 전화나 편지를 하면 된다. "제이 씨, 요즘 뵙기가 어렵습니다. 건강히 지내고 계시지요? 최근에 가게에 들렀는데 무슨 일이 있으신가요?"

구매가 정체상태에 있는 고객에게 말을 건네면 사십 퍼센트의 고객이 전화 한 통에 곧 다시 돌아온다. 사십 퍼센트라는 것은 매우 중요한 숫자다. 꼭 머릿속에 기억해두자.

두 번째 이유는 구입한 상품이나 서비스가 기대한 만큼 좋지 않았다, 대응에 불만을 느꼈다, 실제 상품에 문제가 있었다 등등이다. 그런 이유로 그 가게에는 두 번 다시 가지 않겠다는 감정이 머릿속에 단단히 박힌다.

그러나 비즈니스에 문제는 늘 따르는 법이다. 고객 입장에서 생각해보자. 만일 상품에 문제가 있는 경우 불평도 하지 않고 그대로 멀어지는 게 보통이다. 비즈니스에는 가장 큰 손해다. 그것을 제대로 이해할 필요가 있다.

이 사실을 먼저 깨달아야 한다. 그다음 상품이 더 이상 필요하지 않게 된 상황을 인식해야 한다. 이것이 요컨대 비즈니스의 기본이다. 고객정보를 정확히 파악하는 것이다.

예를 들어보자. 이 방법이나 철학은 보편적이다. 당신이 로켓 공학박사이든 아이스크림 가게의 주인이든 마찬가지다.

예 하나를 들겠다. 나는 치과를 찾은 환자 상당수가 재방문하지 않는다는 사실을 알고 놀랐다. 치과도 사업이다. 시장이 있고 고객에 대한 서비스가 이뤄져야 한다. 당연히 경쟁도 있다.

치과는 누구나 꺼린다. 따라서 치료실에서 겪는 통증이나 대기실에서 오랫동안 기다리는 경험을 하면 부정적으로 느끼는 법이다.

이 치과의사가 해야 할 일은 두 가지다. 먼저 재방문을 하지 않는 환자의 수를 파악한다. 그리고 재방문하지 않는 수천 명의 환자 가운데 특히 기억에 남는 사람이나 교류가 조금이라도 있는 사람에게 전화를 건다. 업무원이 대신 전화해도 좋다.

"스미스 의사의 말을 전해드려요. 오늘은 예약이 많아 직접 전화를 드리지 못합니다만 잘 계시는지 걱정하고 있습니다. 한동안 저희 병원에 오시지 않았는데 불편한 데는 없으세요? 몸은 건강하시지요? 가족 분들도 건강하시고요? 저희가 어떤 불편을 드린 점은 없는지요? 만일 도움이 필요하시면 언제든 방문해주세요."

그리고 여기서부터가 중요하다. 다음과 같이 덧붙이는 것이다.

"만일 저희에게 어떤 실수가 있었다면 사과의 의미로 정기검진을 서비스해드리고 싶습니다. 스미스 의사가 걱정하고 있으니 괜찮은 시간 언제든 방문해서 무슨 일이든 상담해주세요."

전화로 말할 수 없는 환자에게는 같은 내용을 편지로 보냈다. 그러자 방문이 없었던 환자의 오십 퍼센트가 다시 찾았다. 시간과 전화비, 우표값 정도가 들어간 비용의 전부였다.

똑같은 일을 주택대출보증회사에서도 실시했다. 예전에 이천 명 정도의 단골고객이 있었는데, 지금은 일부만이 정기적으로 이용하는 상황이었다. 먼저 정기적인 구매패턴을 조사했다. 일주일인가, 일 년인가, 그 패턴을 파악한다.

그 뒤 판매이력이 있는 고객 가운데 특히 거액을 대출한 고객에게는 전화를 걸고, 그 외의 고객에게는 편지를 보냈다.

많은 사람이 그의 전화나 편지를 받고 기뻐했다. 독촉이 아닌 그저 근황을 알고 싶다는 메시지만을 전했기 때문이다. 그 가운데 내심 불만을 가진 고객이 있다는 사실도 알았다. 직접 소통했기에 상대가 불만을 털어놓을 수 있었던 것이다.

그의 고객들 일부는 불만을 느끼고 있었고 그것을 표현하고 싶었다. 또 누군가는 감사의 마음을 표현하고 싶었다. 사랑받고 싶었다. 신용카드나 직불카드를 긁어줄 소비자가 아닌 한 사람의 인간으로 생각되길 바랐다.

불만이 있는 고객에게는 솔직히 실수를 인정한다. 문제는 그들에게 있었을지도 모르지만 책임을 다하지 못한 자신에게도 잘못이 있었다고 생각한다. 여하튼 뭐든 돕고 싶다고 말한다. 이런 정중한 태도는 고객에게 호감과 기쁨을 안겨준다. 그리고 다시 거래하고 싶다며 그에게 돌아온다.

또 다른 예다. 어느 사무소 설비업자에게 경쟁 상대에게 빼앗겼을 잃어버린 기회에서 보다 많은 이익을 얻는 방법을 가르쳤다.

그들이 광고우편을 보내면 그중 오 퍼센트에게서 문의가 있었다. 광고우편 천 통의 비용은 천 달러, 반응은 오십 건이다. 그중 십 퍼센트인 다섯 곳만이 실제 구매에 이르렀다. 그들은 좀 더 많은 광고우편을 보내는 데만 열중했다.

결과적으로 문의가 있던 오십 곳 중 사십오 곳에는 '팔지 않았'던 것이다. 나를 만나러 오기 전까지, 그저 천 통의 메일을 보내 다섯 곳에 파는 것에 만족하고는 나머지 거래에 이르지 못한 예비고객을 그대로 버렸다. 나는 그들에게 말했다. "당신들이 해야 할 일은 이 예비고객과 고객에게 논리적으로 올바른 이익을 얻을 기회를 다시 가져다주는 것입니다."

먼저 그들에게 왜 사십오 군데가 구매하지 않았는지 그 이유를 알아보게 했다. 대부분은 다음 네 가지 이유 중 하나였다.

① 가격이 비싸고 복잡해 예비고객을 겁먹게 했다
② 상품이 세련되지 않다고 생각했다
③ 영업담당이 예비고객을 짜증나게 했다
④ 지불방법이 예비고객의 희망과 달랐다

이 결과를 보고 예비고객에게 구매의지가 없었던 것이 아니라 이 회사에서 사고 싶지 않아 했다는 것, 즉 판매방식이 좋지 않았기 때문임을 알게 됐다. 이들 예비고객은 그대로 두면 그들과 경쟁 중인 타사의 매출을 올려줄 것이다. 그러나 이 회사의 서비스나 가격이 예비고객의 희망에 맞는다면 좀 더 많은 계약체결로 이어질 것이다.

이 클라이언트는 시큰둥하게 나의 지적을 인정했다. 나는 계약체결에 이르지 못한 예비고객에게 매출을 거둘 수 있도록 그들을 대신해 영업하고 계약했다.

그 결과 잃었던 예비고객의 절반과 계약에 성공했다. 그들이 잃었던 사십오 명 가운데 적어도 절반은 경쟁사의 매출로 이어졌을 것이다. 절반이라 해도 원래 그가 계약체결을 했던 다섯 명의 네

배에 해당하는 이익을, 한 푼의 비용도 노력도 투자하지 않고 올린 것이다.

이런 사고방식과 방법은 적어도 학문적인 방법은 아니지만 대차대조표에는 나타나지 않는 자산을 발굴한 것이라 부를 수 있을지도 모른다. 유형이든 무형이든 이처럼 간과했던 고객 리스트와 마케팅의 사고방식은 어쩌면 유일무이한 비즈니스 자산일지 모른다.

그런데 물건을 팔면서 상대의 이름을 묻지도 않고, 가령 이름이나 주소, 전화번호를 기입하기는 했어도 이후 어떤 '대우'도 받지 않는다는 사실을 깨닫게 될지도 모른다.

나의 마케팅에서는 이것을 '보유한 투자자산'으로 본다. 무슨 까닭인지 사업가는 가장 먼저 예비고객을 확보하기 위해 많은 투자를 하고 있다는 사실을 잊는다.

가게를 방문하거나 이쪽 메일이나 웹사이트, 광고나 업무 노력에 반응하거나 옐로페이지(yellow page, 전화번호부에서 업종별 전화번호를 실은 부분. 업체들의 전화번호, 주소, 홈페이지 등을 검색하도록 정리해놓은 사이트를 가리키기도 한다.-옮긴이) 광고를 보고 전화한 고객에게 구입하려는 의지가 애초 있었는지는 별개로, 그만큼 예비고객을 움직이기 위해서는 비용이 든다는 것을 잊어서는 안 된다. 게다가 상당한 금액과 노력, 시간이 걸린다.

그저 조용히 조금씩 천천히 존재를 인정하고 의사소통을 하면서 좋은 관계를 쌓는다면 최종적으로는 나와 끝까지 가는 고객이 될 수 있다. 만일 질 좋은 상품이나 서비스를 제공한다면 이 비용은 매우 적게 든다. 몇 센트로 보내는 편지나 한 통의 전화, 잠깐의 방문이 그 전부다.

내가 마케팅에서 가르쳐온 일은 이런 긍정적인 관계를 고객과 구축하고 그 관계에서 신뢰할 수 있는 조언자가 되고 의지가 되게 한다. 그리고 그 결과로 고객은 자사 상품이나 서비스를 구입한다. 그런 심플한, 그러나 영원히 응용 가능한 사고방식이다. 이처럼 고객과의 관계성을 구축해서 나아가 타사의 상품이나 서비스까지도 판매할 수 있다. 여러 번 반복해 말했지만, 다시 이야기한다. 가능성은 무한대이다.

작게 시작해 다듬는
테스트 마케팅

테스트는 중요하다. 경영학자 피터 드러커가 말하듯, 비즈니스는 마케팅과 이노베이션이다. 작게 시작해 테스트를 반복하고 개선을 거듭해서 보다 세련된 결과로 완성한다.

대부분의 사업가는 매일 새로운 운동장에서 극적인 홈런 한방을 노린다. 그러나 본래 사업은 고객이 가까이에 다가가고 거기서 절대 벗어나지 않는 관계성을 형성하는 것이 중요하다. 그를 위해서는 자신의 고정관념이나 열의로만 밀어붙일 게 아니라 시험하고 고객의 반응을 확인하면서 개선해가지 않으면 안 된다.

대개 사업은 윤리적 측면에서 볼 때 '고객을 먹잇감으로 삼는' 비열한 행태를 취한다. 그에 그치지 않고 대체 무엇이 고객의 가능성을 먹어치우고 있는지조차 알지 못한다. 물론 어떻게 하면 성실하고 진지하게, 도덕적으로 옳은 방법으로 고객에게 갈 수 있는지도 알지 못하고 하물며 불러들인 고객을 어떻게 다룰지에 대해서도 완전히 무지하다.

일단은 가장 간단하고 쉽게 실천할 수 있는, 성공할 수 있고 동시에 현금화할 수 있는 간단한 것부터 하나씩 시작한다. 한꺼번에 전부 다 할 필요는 없다. 처음에는 누구나 실패한다. 처음부터 성공하는 사람은 없다.

자전거를 처음 탔을 때를 생각해보자. 느닷없이 잘 타게 되는 사람은 없다. 뒤를 잡아주거나 몇 번이고 넘어져 상처를 입으면서 서서히 타는 방법을 익혀간다. 그래도 머릿속에 자전거를 타고 쌩쌩 달리는 이미지가 있기에 포기하지 않고 몇 번이고 연습했던 것이 아닐까.

아기는 금방 일어나 걷지 못한다. 곧바로 숟가락으로 능숙하게 밥을 떠먹을 수 있는 사람은 단 한 명도 없다. 누구나 부모나 가족의 도움을 받고 지켜보는 가운데 여러 차례 실수하면서 숙달한다.

비즈니스도 마찬가지다. 돌연 어떤 일을 능숙하게 잘할 수 있는 사람은 없다. 성공한 사람도 작은 실수를 수없이 해왔다. 그 사실을 결코 잊지 말자. 실패는 하는 것이다. 하지 않으면 안 된다. 그래도 재기할 수 없을 만큼 모든 것을 걸어서는 안 된다.

마케팅이라고 하면 갖고 있는 돈을 대개 광고에 쓴다. 가장 위험한 짓이다. 만일 그 같은 권유나 컨설팅이 와도 응해서는 안 된다. 그런 마케팅으로는 무엇 하나 확실한 수익을 보장받을 수 없다.

나의 원칙적인 방법론을 사용해 크게 성공한 사람은 한 가지 기법을 선택하고 그것이 사업의 모든 국면에서도 잘 적용될 때까지 테스트와 연구를 반복해 자신의 것으로 만든다. 그리고 또한 다음의 기술도 역시 테스트나 연구, 모든 사업 국면에 잘 맞춰가는 작업을 꾸준히 한다.

오로지 자신의 사업에
초점을 맞춘다

가령 능숙해져도 그 마케팅을 멈춰서는 안 된다. 많은 사람이 그럭저럭 잘되는 방법을 알면서도 새롭게 등장하는 기법에 시선을 빼앗기고 만다. 계속 기능하는 방법이 있다면 거기에 주력해 테스트를 반복하고 다시 좋은 것으로 다듬어간다.

이처럼 한 걸음씩 차근차근 나아가라. 새로운 기법으로 일시적으로 작게 성공하고 끝내지 말고, 이익이 꾸준히 오래 이어지도록 하자.

그건 편지의 문구를 바꾸는 것일지도 모른다. 두 종류를 발송해

보고 각기 어떤 반응이 오는지 테스트해본다. 웹사이트의 구조나 주문에 이르는 동선 파악이 어려워 반응을 확인하지 못할 수도 있다. 상품설명이 자세하지 않았을 경우도 있다.

성공한 비즈니스 메일의 형태를 차용해놓고 안심하는 사람도 있다. 모두에게 동일한 문구의 메일을 보낸다면 그건 이미 쓰레기다. '테크닉'이란 건 이윽고 낙후되고 고루해진다.

주변에 시선을 빼앗기지 않을 것. 오로지 자신의 사업에 초점을 맞춰라. 고객과 철저히 대면한다. 유행하는 방법이 내 사업에 맞다고 단정할 수는 없다. 시도하지 못할 것도 없지만, 일단은 고객이 우선이다.

문장을 바꾸는 것만으로 매출을 다섯 배나 올린 적도 있다. 가구점에서 인사만 바꿨는데 매출이 삼십오 퍼센트나 증가한 적도 있다. 평소에는 마음도 쓰지 않았던 곳에 핵심이 숨겨져 있는 법이다. 각각의 과정 하나하나가 최종적으로 이익을 몇 배로 만들거나 격감시킨다. 그것은 시도해보지 않으면 알 수 없다. 그 가구점에서는 서른다섯 가지의 인사 방법을 시도했다.

나는 그처럼 꾸준히 테스트를 반복하고 개선함으로써 지금 어떤 것을 최대화, 최적화할지에 주력해왔다. 평범한 사람이라면 평생 걸려도 알아낼 수 없는 광범위한 업계에서 일해왔기에 어디가 병목인지, 어디가 이익을 최대화하는 지점인지 순식간에 파악했다. 그

한계는 내 머릿속에만 있다

래도 그에 그치지 않고 테스트를 반복함으로써 나아가 사업을 비약적으로 발전시킬 수 있었다.

지금 당장 내 사업을 개선할 포인트를 찾아내 테스트해보자. 개개의 테크닉은 중요하지 않다. 무엇보다 창의적으로 방법을 생각하는 것이 중요하다.

세미나 강사들은 '이것만 하면 된다'고 자주 말한다. 그러나 현실은 그렇지 않다. 상대 선수를 모르고 테니스 경기에 나가지 않는 것처럼, 시장에서 무슨 일이 일어나는지 테스트하지 않고 개선하지 않고는 결과를 얻을 수 없다.

이삼십 명의 단골고객에게 "왜 우리와 거래하는가?" 하고 물어도 좋다. 어쩌면 내 생각과 다른 답이 돌아올지도 모른다.

우리에게 어느 것이 최적의 방법인지, 어느 것이 최고의 마케팅인지 정할 권리는 없다. 모든 것은 시장이 결정한다.

제8강

품격경영

The limit is only in your brain

> **"**
> 끊임없이 진리를 탐구하지 않는 비즈니스는
> 할 가치가 없다
> **"**

비즈니스의 목적은 무엇인가

비즈니스에서 가장 중요한 건 그 비즈니스를 하는 목적이다. 결국 이념이다. 아무리 마케팅 기법이 뛰어나도 자본금이 있어도 우수한 인재를 모아도 이념이 그릇되면 그 사업은 이윽고 쇠퇴한다.

자신의 성공을 위해 사업을 한다면 평생 성공할 수 없다. 단지 부자가 되는 게 목적일 뿐이라면 더욱 무리다. 운이 좋으면 일시적으로 억 단위의 돈을 벌기도 하겠지만 어느 사이엔가 그 이상의 돈이 손아귀에서 빠져나간다.

이건 나 자신이 온몸으로 경험한 사실이다. 젊은 시절에는 그런 것을 알 리 없었다. 수차례 혹독한 일을 당하고 무엇이 잘못되고 무엇이 옳은지 애써 답을 찾았다. 많은 기업이나 기업가도 순조롭게 흘러가는 듯 보이다 어느 순간을 경계로 급속히 추락한다. 하늘은 잔혹하다. 최대한으로 끌어올렸다가 가차 없이 땅바닥에 패대기친다. 편한 길은 이 세상에 존재하지 않는다.

비즈니스의 목적은 무엇인가?

중소기업의 구십오 퍼센트가 목적을 달성하지 못하고 문을 닫는다. 그러나 원래 명확하고 올바른 목적을 가지지 않기에 달성할 리가 만무한 것이다. 성공의 의미조차 모르는데 성공할 리가 없다.

여기서 '실업가'와 '경영자'의 차이를 정의해보자.

한 경영자가 레스토랑을 오픈했다고 가정해보자. 레스토랑 내부도 멋지고 분위기도 좋고 청결하다. 종업원이 고객 접대도 잘한다. 요리도 나름 맛있고 가격도 적정하다. 가격에 맞는 서비스와 내용으로 고객은 더욱 만족하고 돌아간다. 마케팅도 열심히 공부해 전단지를 만들어 배포하고 들인 광고비만큼 신규고객을 확보한다. 그러나 사실 수익은 평균적인 생활이 간신히 유지되는 정도다.

한편 실업가가 레스토랑을 오픈했다. 그 레스토랑은 고객을 접대하는 최고의 장소이며 그 수단으로서 존재한다. 요리가 맛있는 건 당연하다. 게다가 서비스는 최고라 가슴이 설렌다. 그 레스토랑에 오기만 해도 기분이 좋아지고 특별히 소중한 사람인 양 대접받고 자존감을 높인다. 늘 즐거운 이벤트가 열린다. 직원도 레스토랑에 모인 사람도 최고의 미소로 가득하기에 공간 그 자체의 에너지가 다르다. 따라서 활기를 가지고 돌아간다.

실업가가 회사를 시작하면 목적 자체가 다르다. 요리를 만드는 솜씨가 엄청나게 뛰어나서 레스토랑을 하는 것이 아니다. 그곳에 찾아온 고객을 대접하고 가치를 창조하고 시장에 새로운 공헌을 하겠다는 강한 의지로 시작한다.

누군가를 위해 엄청난 정열을 가지고 누구도 만들어내지 못한 가치를 선사하겠다고 다짐한다. 자신의 실력이 얼마나 뛰어난지 보이기 위함이 아니다. 단지 시장에 새로운 길을 개척하는 데 집중한다.

그를 위해서는 타깃을 좁히지 않으면 안 된다. 시장을 개척하고 육성하고 그곳에 가치를 제공한다. 반응하지 않는 소비층에 초점을 맞춘다면 아무 소용이 없다.

많은 사람이 잘못된 목적으로 사업을 한다. 얼마만큼 멋진 상품이 있는지, 얼마나 훌륭한 서비스인지, 새로운 기술인지 그런 건 조금도 관계가 없다. 그런 식으로 사업을 시작해도 절대로 잘되지 않는다. 마케팅이 뛰어나면 되는가 하면 그것도 아니다.

좋은 상품을 가지고 있는데 마케팅이 서툴러 실패했다고 말하는 사람이 있다. 하지만 애당초 잘못된 생각이다. 마케팅은 사업의 부하가 아니다. 마케팅은 나의 사업이념을 정확히 시장에 보내기 위한 수단으로, 그저 개인을 위해서 이용했다가는 혼쭐만 난다.

분명 나는 컨설턴트로서 많은 경영자를 도왔다. 사실 가망성이 없는 비즈니스를 불과 한 시간 만에 가장 효과적인 방법으로 다시 일으킨 적도 많다. 대부분은 거액의 빚과 종업원을 끌어안고 어찌할 바 모르는 상황이 되어서야 나를 찾아온다. 그런 상황에서는 보다 빨리 현금 유동성을 확보하는 방법을, 결국 강력한 어떤 기술을 선택해 사용한다.

그러나 그 이후에도 순조롭게 신장하는 회사는 현금 유동성을 확보하는 동시에 이념을 돌아보고 회사 전체가 그것을 철저히 개선하려고 노력하는 곳이다. 그 점을 결코 착각해서는 안 된다.

빼앗지 말고
창조하라

일단 실업가로서 가치를 창조하는 일에 매진하면 틀림없이 원성을 사게 된다. 시장에 엇비슷한 서비스를 제공하는 경우라면 불협화음이 일어날지도 모른다. 진중한 공헌이 언제나 환영 속에 받아들여지리라는 보장은 어디에도 없다.

만일 미움을 받더라도 자신이 생각하는 공헌이 무엇인지 이해시키고 평가해주는 타깃과 만나 극복하기까지는 그 시간을 견딜 필요가 있다.

가치를 더욱 향상시키는 사람이어야 한다. 이미 존재하는 가치를 시장에서 빼앗는 사람이라면 그 비즈니스는 끝내 소멸하고 말 것이다.

옥신각신하는 레드오션에 일부러 참여해 이미 있는 가치를 쟁탈한다. 사실 대개의 사업이 그렇다.

어느 마을에 문을 연 드러그스토어가 장사가 잘된다고 해보자. 이미 있는 약국이나 잡화점에서 고객을 빼앗았기 때문이다. 그러면 갑자기 근처에 다른 드러그스토어가 문을 연다. 이번에는 좀 더 큰 규모로 더 오랫동안 영업을 한다. 이렇게 파이 쟁탈전이 되풀이된다.

늘 경쟁, 경쟁, 경쟁. 가치를 서로 빼앗는다. 결과는 이미 불 보듯 뻔하다. 광고비를 낭비하고 피폐해져 이윽고 모든 점포가 문을 닫는다. 최후에 남은 건 고객과 꾸준히 관계를 쌓아온 사람 좋은 사장이 운영하는 작은 가게였다.

우리는 인간에 대해 이해하지 않으면 안 된다. 사람의 심리를 배울 필요가 있다. 눈에 보이지 않는 시장이라는 큰 덩치를 상대하는 것이 아니라 한 사람의 인간과 마주한다는 것을 결코 잊어서는 안 된다. 비록 기업과 거래를 하는 경우라도 담당자는 사람이다. 마음이 없는 컴퓨터가 아니다. 그들의 인생을 이해하고 격려하고 보다 좋은 것으로 만들기 위해 바로 나의 사업이 존재한다.

소크라테스는 '탐구하지 않는 인생은 살아갈 보람이 없다'고 했다. 나는 '끊임없이 진리를 탐구하지 않는 비즈니스는 할 가치가 없다'고 믿는다.

소크라테스의 방식으로 말하면 덕의 추구, 결국 자타의 지식이나 영혼을 가능한 한 선하게 만들어가는 과정만이 비즈니스의 본질이라 할 수 있다.

비즈니스는 내가 이 인생에서 보다 선하게 살아갈 길을 탐구하기 위한 수단이다. 결코 목적이 아니다. 비즈니스를 통해 더 높은 목적에 매진하기 위한 길이 열린다. 누군가에게 그것은 봉사다. 또 누군가에겐 스포츠다. 가정을 지키는 것이라고 말하는 사람도 있다. 우리에게는 제각기 길이 있다. 각각의 길 하나하나가 비즈니스다.

단순히 살아가는 것이 아니라 선하게 살아간다. 그것을 결의한 순간 주위와는 다른 길을 걷는다. 독보적인 일류의 존재가 되기 전에 주위 사람들과 다른 존재로서 지내는 시기를 거치지 않으면 안 된다. 탁월하기 전에는 반드시 남과 다른 존재가 될 필요가 있기 때문이다.

매우 역설적인 일이긴 하지만, 보다 선한 탐구의 길로 나아가는 순간 선량한 주위로부터 이단으로서 간주되기 시작한다. 지금까지 전혀 존재하지 않았던 적도 보인다. 발목도 잡힌다. 지독한 고독을 맛본다.

하나하나의 작은 성공을 축하해주던 사람이 점차 사라질지도 모른다. 성공이 칭찬으로 바뀐다고 믿다가 깊은 슬픔을 느끼기도 한다. 완수한 기쁨이 의문으로 바뀌기도 한다. 멍청이 취급도 받을 것이다.

그래도 앞으로 나아가는 수밖에 없다. 내가 믿는 비전을 향해 힘차게 고독 속을 나아가는 수밖에 없다. 왜냐하면 그것이 인생이라는 것이기 때문이다.

멀리,
더 멀리

처음부터 높은 수준에 도달할 수 있는 사람은 없다. 추구하는 수준에 즉시 도달할 수 없다. 그래도 상관없으니 여하튼 내가 목표로 하는 골인 지점을 바르게 설정하지 않으면 안 된다. 높은 지점을 목표로 하는 걸 자기 스스로 용납할 필요가 있다.

처음부터 평범을 지향해서는 안 된다. 그럼 먹고사는 게 고작이다. 유통망을 컨트롤할 수 있는 자리에 서야 한다. 독점권이나 라이선스 등 그 시장의 가치를 컨트롤할 수 있는 비즈니스를 목표로 해야 한다. 그것은 규모가 큰 회사가 아니라도 세상을 보는 관점만 바꿔도 실현 가능하다.

약간의 수수료가 겨우 들어오는 사업에서는 노동시간 이상의 벌이는 얻을 수 없다. 시장에 가치를 창출하고 그 시장을 컨트롤할 수 없다면 누군가에게 제어당할 운명이다. 직선적인 사고가 아니라 비판적 사고로 세상을 보면 기회는 얼마든지 찾을 수 있다.

나를 일반 소비재로 만들어버려선 안 된다. 현재 상황을 유지하려는 노력을 멈춰야 한다. 경쟁 상대와 같은 수준으로 자신을 끌어내릴 필요는 없다. 좀 더 앞서나가라. 좀 더 시장을 좋은 방향으로 개선하고 비약적으로 경쟁 상대보다 높은 수준까지 갈 수 있다.

평범에 그치는 사람들이 결코 본격적으로 하려 들지 않는 게 있다. 지향하는 골인 지점에 가까운 사람들이나 다른 배경이나 발상으로 성공한 사람들과 대화를 나누는 일이다. 하지만 일부러라도 만나야 한다. 그들의 이야기를 진지하게 들어야 한다. 나의 목표를 이야기해보는 것도 좋다. 저마다 자신의 시선으로 조언해줄 것이다. 혼자서 생각하고 실현 불가능하다고 생각했던 아이디어도 목표 근처에 다다른 사람에게는 현실적인 이야기다. 경험담도 들을 수 있을 것이다. 그런 환경에 자신을 놓아본다.

그러나 대부분은 그러지 않는다. 자신이 기분 좋게 있는 세계에서 나오려 하지 않는다. 목표 설정도 하지 않는다. 멘토도 갖지 않는다. 성장하겠다는 결의도 하지 않는다. 결국은 현재 상황에서 벗어나지 못한다.

같은 배경을 가진 사람들이 모인 세미나, 같은 얼굴과 표정으로 참가하는 사교계나 가벼운 술자리, 업무 관계 이외에서 친교가 부족하고 늘 같은 이야기만을 되풀이한다. 경기가 나쁘니 팔리지 않는 것도 어쩔 수 없다며 한 목소리로 말한다. 그런 일상에서 우리는 올바른 방향으로 나아갈 수 없다.

어디까지 갈 수 있는가! 이것은 사고방식의 변화에 달렸다. 통상의 상식과는 다른 관점으로 기회를 잡아라. 스스로 행동하지 않는다면 기회는 저절로 찾아오지 않는다. 스스로 움직이고 자신의 환경을 바꿔가야 한다.

목표의 비전을 명확히 설정하는 게 중요하다. 그러나 원하기만 해서는 아무것도 바뀌지 않는다. 만나는 사람도 대화 내용도 달라지지 않는데 어떻게 앞으로 나아갈 수 있을까. 목표를 종이에 적는 것만으로 대체 무엇이 변할 수 있을까.

단숨에 멀리 나아가는 사람은 없다. 한 번도 연습한 적이 없는데 올림픽에 출전할 수는 없다. 자신의 마음이 이미 알아차린 목표, 비전을 향해 우선은 눈앞의 한 걸음을 내딛어야 한다.

근시안적으로 보지 말고 미래에도 수익의 기반을 확보할 수 있는 방법을 선택해야 한다. 등산을 할 때 목표지점은 산꼭대기로, 어느 산에 오를지부터 명확히 할 필요가 있다. 히말라야에 도전하는 사람이라도 우선은 근처 낮은 산에 오르는 것부터 연습한다. 마찬가지로 명확한 목표를 설정했어도 내딛을 수 있는 한 걸음부터 시작해야 한다.

처음부터 최고의 상대와 한 팀이 될 수는 없다. 높은 산에 오르기 위한 길은 일직선이 아니다. 굽이치면서 서서히 고도가 높아진다. 작은 실수나 깨우침이 이어져 서서히 올라간다. 누구 하나 자기 인생을 자신보다 앞서 살아가는 사람은 없다. 길 없는 길을 오르기에 이리저리 굽이치는 건 당연하다. 내가 지나고서야 비로소 길이 만들어진다.

그러나 일단 바른 목표를 정하고 그것을 향해 행동을 시작하면 그 방향으로 인간은 강하게 변화해간다. 그 변화의 속도는 맨 처음에는 더디지만 차츰 가속도가 붙어 비약적으로 뻗어나갈 것이다.

품격
경영론

나는 탁상공론을 혐오하는 철저한 실천주의자다.

지금부터 이야기하는 것은 결코 형이상학적인 문제도 종교적인 얘기도 아닌 실질적으로 우리가 성공하기 위한 '진짜' 실천론이다. 나는 몸소 경험해 얻은 것 외에는 이야기하지 않는다. 추상적으로 느껴질지 모르지만, 그래도 경험에서 얻은 분명한 사실이다.

우리가 가족과 윤택하고 행복하게 살아가기 위한 구체적인 방법이다. 단순한 지식이 아니라 이들 원리원칙은 내가 매일 실천 마케팅에서 얻은 절대적인 진리다.

먼저 오늘 이후 사업에 대한 나의 의식을 근본적으로 바꾸는 것부터 시작한다.

우리는 어떤 일반적인 상품이나 서비스의 일반적인 판매자가 아닌 비판적인 전문가로서, 고객에게 가장 신뢰할 수 있는 조언자로서, 그들의 유형·무형의 이익에 대해 최대한 책임을 지는 사람으로서 자각을 가져야 한다. 우리는 물건을 파는 게 아니다.

가장 먼저 구매자에 대한 태도를 바꿔야 한다. 그들은 일개 소비자가 아니라 보호받아야 마땅한 대상, 즉 클라이언트다. 우리가 지켜야만 하는 상대다. 따라서 스스로 클라이언트의 인생을 보호하기 위해서는 어떤 사람이 되어야 할지를 생각한다.

오늘부터 끊임없이 노력하고 품격 있는 사람의 길을 걸어야 한다. 성공은 인간성과 비례한다. 분명 그렇지 않은 사례도 지금까지 살아오면서 수없이 보아왔을 테지만, 진정한 성공은 그런 곳에는 존재하지 않는다.

우리는 대개 심리적인 모순 사이에서 늘 고통받는다. 그런 모순의 첫째는 자신의 가치나 사람과의 차이, 재능을 과소평가하는 눈에 보이지 않는 강요나 갈등이다. 둘째는 같은 일을 놓고 갈등하는 클라이언트다. 그들은 그 갈등으로 짜증을 내고 미친 듯이 우리를 압박해온다.

예컨대 이해할 수 없을 정도로 집요하게 문제 제기를 하거나 요구를 하고, 약간의 표현 차이에 대해 협박 같은 공격을 한다. 설명이 부족했다며 화를 내고 또 설명에 시간이 걸렸다며 화를 낸다. 늘 어딘가에 분노를 터뜨리지 않으면 안 되는 것처럼 보인다.

거기에 굽히면 우리는 그들의 지배하에 놓인다. 휘둘리고 압박당하고 가격경쟁에 휩싸이고 버려진다. 그렇게 되지 않도록 그들의 가장 신뢰할 수 있는 조언자로서 정신적으로 먼저 자신을 확립해야 한다.

그들의 심리를 이해하고 정신적으로 주도권을 가진다. 내가 그들을 보호하는 입장이라는 걸 그들이 신속히 이해하기 위해서는 나 자신이 달라질 필요가 있다. 우리는 그들의 보호자다.

그들에게 득이 되지 않는 것은 절대로 시켜서는 안 된다. 비록 그 결과 자사의 상품을 팔지 못하는 선택을 했을 경우에도 그것을 확고한 신념으로 행해야만 한다. 우리의 행동에는 도덕적·윤리적 책임이 동반한다.

둘째로 사람은 자신의 막연한 불안이나 갈등을 명확히 인식할 수 없다. 꿈이나 이상도 어렴풋하게 보이고, 해야 할 행동을 하지 않고 꼼짝도 하지 못하는 상태다. 따라서 당신이 그걸 말로 표현하고 시각화한다. 명석한 그림을 그리는 것이다. 그들의 초조를 이해하고 말로 표현한다. 그로 인해 신뢰를 얻을 수 있다.

옳은 신념이
우리를 강하게 만든다

자주 느끼는 것이지만 사업가는 횡단보도를 건너는 사람과 비슷하다. 그들은 어느 한쪽에 속한다. 자신이 어디에 있는지는 알지만 어디를 향해야 하는지는 모르는 타입, 또 다른 쪽에는 자신이 어디에 있는지 모르는 타입이 있다. 그 어느 쪽을 오가는 상태다.

무엇 때문에 비즈니스를 하는지, 목적을 똑똑히 자각하는 사람은 소수다. 자신의 성장 정도에 따라서 이해는 할 수 있지만, 어떤 인생 목적을 가지고 지금 애쓰고 있는지 이해하지 못한다. 반대로 큰 목적을 가지고 있어도 자신이 어느 정도로 성숙했는지 이해하지 못하고 목적과 괴리를 인식하지 못하는 사람도 있다.

그런 군중에서 벗어나 내가 지향하는 목적을 위해 인격을 확립하고 의식을 바꾼다. 그럼 어떤 것을 팔든 어떤 비즈니스를 시작해도 나라는 인간은 팀이나 클라이언트에게 절대적인 신뢰를 얻을 것이다.

나의 전문분야에 관해서는 클라이언트의 불안을 이해하고 가야 할 곳과 현재 지점을 나타낼 필요가 있다. 먼저 해야 할 일은 그들이 막연히 느끼고 있지만 분명히 겉으로 표현하지 못하는, 가장 크고 명백하게 바라는 결과를 언어로 보여주는 것이다.

그러기 위해서는 전문분야에 대해 좀 더 공부할 필요가 있다. 인간 이해에 대한 겸허한 자세도 필요한다. 추상적인 개념이나 철학에 대한 깊은 통찰이 필요할지도 모른다. 그런 인간으로서의 깊은 사려는 나의 인간성으로 드러난다.

대부분 사람들은 매우 자기중심적이다. 그리고 그것이 사람에게 보이지 않는다는 듯 행동한다. 그러나 그렇지 않다. 인간이 얼마나 자기중심적인지는 타인의 눈에 똑똑히 보이는 법이다. 그런 인간을 계속 따르는 사람은 없다.

단순히 내 인생에 집중하는 것보다 더 고차원적인 목적은 다른 사람의 인생을 풍요롭게 만들고 진심으로 이해하는 것이다. 타인에게 더 큰 은혜나 보호, 편의, 재정적인 성공, 저축, 안심, 생산성을 가져다준다. 여하튼 이득을 안겨준다는 강한 믿음이 나의 인생을 크게 변혁으로 이끈다.

탁월한 기업은 늘 고객이나 잠재고객에 대해 진실로 진지하게 좋은 인생을 만들기 위해 일한다는 흔들림 없는 의지와 강한 희망을 가진다. 이 희망이야말로 고객과 오래도록 성실한 일평생 동안의 관계를 만든다는 용기나 신념, 힘이나 요구를 낳는다.

이런 올바른 신념만이 날 강한 리더로 만들고 회사 전체, 팀 전원에게 탁월한 의식을 고무한다.

다음은 고객에게 물건이 아닌 결과를 파는 것이다. 보다 좋은 결과로 이끄는 것, 보다 큰 성과를 얻는 것에 초점을 맞춘다. '팔기 위해 무슨 말을 하면 좋은가'가 아니라 '어떤 결과를 안겨줄까'를 늘 자문한다.

그들 자신이 결론에 이르러야 하는 것이지 우리가 강요하는 것은 아니다. 그 때문에 얻어진 결과를 명확히 '보여줄' 필요가 있다. 그것에 이르는 과정을 보이는 것이다. 그들 자신이 스스로 그 결과에 이르는 결단을 한다. 그것이 리더십이다. 고객에게도 거래처에게도 직원에 대해서고 강한 리더십이란 그들의 결과에 초점을 맞출 때 성립된다.

마지막으로 탁월한 일류로서 시장에서 독보적인 존재가 되기 위해서는 '나'보다 '당신'을 주어로 생각하고 대화하는 것이다. 상대의 마음에 들어가 그들이 바라는 결과를 보이고 부드럽게 이끌어간다.

가족처럼 고객을 대한다. 고객이 자신을 소중히 다루고 있다고 스스로 느끼게 한다. 늘 감사하고 소통하고 주의를 기울이고 그들의 고민을 듣는 것이다. 고객의 불만을 파악하고 재빨리 해결하고 사죄하고 다시 돌아오도록 성심을 다한다.

내가 얻은 성공은 고객이나 팀, 거래처에 안겨준 가치와 같다. 오늘부터 가치 있는 사람이 된다. 그것이 먼저 성공으로 향하는 첫걸음이고 탁월한 존재가 되는 유일무이한 방법이다.

인간적 성숙은 비즈니스의 성공과 비례한다. 품격 있는 사람이 되어라.

고결하게
살아라

내게는 다소 완고한 고집 같은 게 있다. 인생을 어떻게 볼 것인가, 어떤 가치관을 가질 것인가, 어떤 마음가짐으로 살아가는가 그리고 어떤 행동원칙에 따라서 살아가는가. 이런 것에 대해 보통 이상의 욕구를 가지고 있다.

우리 인간은 무아(無我)이길 바라면서도 어쩔 수 없이 자기중심적인 생물이다. 강한 자아를 숨기려 해도 이는 어쩔 수 없이 상대에게 또렷이 전해지기 마련이다.

자기중심적인 삶을 떠나 보다 높은 곳을 목표로 살아가고자 노력한 적 없는 사람은 그런 식으로 상대에게 자신이 모조리 드러나고 있다는 생각조차 아예 하지 못한다. 그러나 우리가 인간인 이상 자신의 문제를 철저히 머리로 생각하거나 여러 가지 고민에 주저하면서도 보다 나은 길을 탐색하는 그런 경험이 중요하다.

달리 말해 그것이 품격이다. 인간으로서 순수 속의 우아다. 물론 순수 속에는 우아하지 않은 것도 있다. 인간이기에 하는 수 없다. 그러나 순수에 초점을 맞추고 생각함으로써 우아한 순수를 키운다. 품격이란, 자기책임으로 키워진다.

우리는 누구나 순수 속에서 태어난다. 아이는 모두 순수하다. 그것은 때로 잔혹하기도 하다.

그러나 그 순수 속에 살아가려 노력하고 자신의 자아를 극복한다는 것이 무엇인지 생각하는 가운데 품격을 획득한다.

우리는 비즈니스나 일, 봉사나 가족생활을 통해서 그 기회를 얻는다. 상대와 교류하는 가운데 그 기회가 찾아온다. 아무것도 하지 않고 방에 틀어박혀 있다면 기회는 영원히 없다.

인생에서 만나는 모든 사람을 차례로 더 높은 결과로 이끌어줄 것, 인생을 보다 좋게 향상시켜줄 것, 그것을 고심하여 내 품격을 키운다. 모든 사람이 같은 곳에서 시작할 수는 없다. 우리는 저마다 각기 다른 곳에 있다.

자기 안에 잠들어 있는 더 고차원의 자신에게 초점을 맞추고 더 높은 목적에 집중하고 타인의 더 나은 결과에 공헌한다. 타인의 인생을 개선하고 보다 만족할 수 있도록 더 많은 결실을 얻는다. 그것은 일에서도 인생에서도 그렇다. 만나는 모든 사람과 교류하는 가운데 배움의 기회가 있다.

관계 속에서 서서히 우아를 획득한다. 내게 우아란 가장 심플하고 최대한 영향을 주고 완벽하게 총명한 것이다. 측정할 수 없는 강인함이다. 우아는 즉 극단이다. 복잡하지 않고 투명한 흐름이다.

나는 '미(美)'라는 말을 사용하는데, 그것은 여성의 아름다움이 아니라(물론 여성에게도 아름다움은 있지만) 단순하면서도 직선적인 강인함을 말한다. 우아의 특징이란 아름다움 그 자체다. 투명해서 매료당하지 않을 수 없다. 그리고 사람을 움직이게 하는 힘이 있다.

우아에서 온 결과는 놀랍게도 직선적으로 원하는 결과를 빚어낸다. 범상치 않게 무슨 일을 해도 효과를 발휘한다.

내가 말하는 것은 본질적인 인간성의 이야기로 내면적인 것이다. 그러나 그것은 저절로 밖으로 드러난다.

이 세상에 태어나 죽을 때까지 이뤄야 하는 것은 한 걸음씩 착실하게, 더 높은 차원의 목적을 향해 걷는 것이다. 그러면서 우아함과 품격이 키워진다.

실로 간단한 일이지만, 이 말을 믿지 않고 이렇게 살아가지 않는다면 더 힘겨운 인생을 보내게 될 것이다. 만일 내 말을 믿지 않고 이처럼 살아가지 않는다면 사업이나 가정생활에서 만족하는 일은 일단 없을 것이다.

진정 탁월한 일류들은 세상에 대해 희망과 기대를 가진다. 그처럼 나 역시도 당신에게 기대하고, 그대로 되길 바란다. 모든 행동으로 지금까지보다 더 많은 것을 얻을 것이라 믿는다.

당신의 모든 행동, 소비하는 모든 시간, 모든 대화, 관계하는 모든 고객에서 더 많은 생산성이나 이익, 관계, 존재가치를 선사할 수 있다고 스스로 인정하라.

나는 사람들을 갓 자라나기 시작한 무구하고 순수한 아이로 본다. 이상한 버릇이나 습관을 가지지 않은, 신뢰감으로 가득한 천진하고 호기심과 탐구심을 가진 아이 말이다.

만일 나와 관계하는 모든 사람을 이처럼 볼 수 있다면 그들이 성장하는 데 대해 믿을 수 없을 만큼 경의를 표할 것이다. 사람과의 관계가 돌연 즐거워질 것이다. 그들을 지금까지 이상으로 이해할 수 있을 것이다. 좀 더 존경할 수 있을 것이다. 그들이 가진 현재의 존재의의, 그들이 지금 할 수 있는 일, 그리고 자신에 이르게 된 기적 같은 일에 대해 시샘할 만큼 칭찬하게 된다.

이처럼 인생을 보는 일은 실로 즐겁다.

경청,
타인의 주장에 귀 기울여라

경청하는 법을 배워라. 이는 품격의 중요한 요소다. 사람들의 대화를 세심하게 들을 줄 알아야 한다.

천천히 배워도 좋으니 사람들의 주장을 내 주장보다 중요하다고 인정하고 그들에게 감사하고 그들이 무엇을 하는지에 진실로 흥미를 가지려 마음먹자. 이것은 매우 중요한 일이다. 그러나 많은 사람이 남의 이야기를 진지하게 듣지 않는다.

몇 년 전 일이다. 오스트레일리아에서 세미나가 있어 가족과 함께 시드니 항구의 멋진 풍경이 내려다보이는 호텔에 묵었다. 가족은 이미 쉬러 들어갔지만 나는 잠들지 못하고 컨시어지 스위트룸이라는 큰 방에 갔다.

그곳에 한 신사가 있었다.

나는 사람이 좋다. 그래서 다가가 말을 건넸다. 그에게 내 이름과 업무 차 미국에서 왔다는 사실만 알려주곤 이후엔 그에게 끊임없이 질문을 건넸다. 처음엔 그의 이름과 어디에서 왔는지, 무엇을 하는지, 왜 여기에 있는지 물었다.

그는 독일에서 왔다. 그는 셸링 사라는 회사에 근무하고 세계적 건강 관련 기관의 직원이나 제3세계 국가 각료의 요청을 받고 셸링 사의 인구 억제 프로그램을 마케팅하기 위해 세계를 여행한다는 사실을 알았다. 나는 매우 매료당했다.

"전 세계 보건복지부 장관에게 어떻게 콜드 콜(약속 없는 전화)을 하는가? 그저 단순히 갑자기 전화하는가, 아니면 누군가에게 소개를 부탁하는가. 당신은 어떤 식으로 하는가?"

그에게 여러 가지 질문을 던졌다. 그는 내게 일의 전체적인 모습을 설명해주었다. 다시 나의 소크라테스 식 문답이 시작된다. 어떻게 판매하는가, 몇 번 정도 전화하는가, 제3세계가 인구 억제를 받아들일 때는 어떤 이데올로기가 필요했는가, 그것을 판매했을 때 포퓰리스트(populiste)는 어떤 반응을 하는가. 어느 정도의 다른 형식을 취하는가, 어떤 비용이 드는가, 어떻게 그들이 지불하는가, 한 번 사면 어떻게 보급하고 적용하고 운반하는가. 정권 교체가 이뤄지면 무슨 일이 일어나는가. 그들은 얼마의 금액을 지불하는가. 어느 정도의 금액이 남는가.

나는 그가 엄청나게 큰 역할을 수행하고 있다는 것을 알았기에 출세하면 무엇을 할 작정인지 물었다. 정말 매력적인 대화였다.

그 이후 이야기를 바꿔 독일에서의 생활에 대해 물었다. 가족, 기구, 경제정세, 정치정세, 생활양식, 가치관, 도덕관, 종교, 그의 자녀들에 대해서, 그들의 학교, 교육에 대해서 등등.

질문 공세가 한 시간 반가량 이어지고 졸음이 몰려왔을 때 즐거운 대화를 끝내고 문 쪽으로 걸어갔다. 그때 그가 나를 불러 세웠다.

"기다리세요. 당신에게 이 말을 해야겠군요. 당신은 내가 이제껏 만난 사람 중에서 가장 흥미로운 사람이었습니다."

이후 엘리베이터 안에서 그리고 방에 돌아와 그 일을 반추했다. 세계에서 가장 흥미로운 사람이 되고 싶다면 그가 해야 할 일은 타인에게 흥미를 가지는 것이다. 더 존경받고 싶다면 해야 할 일은 타인을 존경하는 것이다. 그리고 좀 더 정열적이 되고 싶다면 다른 사람을 위해 정열을 가지는 것이다.

내가 무슨 말을 하고, 무엇에 존경을 느끼고, 무엇에 정열을 가지는지가 아니다.

바로 지금 이 순간에 내가 관계한 모든 사람이 인생을 어떻게 보고 있는지 늘 검토하고 이해하고 공감하고 존경하고 감사하고 주의 깊게 그 가치를 파악하려 노력한다. 반드시 모든 사람에게 동의할 필요는 없지만 적어도 그들의 인생에 감사하고 존경하고 이해하고 공감하지 않는 한, 우리는 그들에게 공헌할 수 없다. 그들에게 가치를 줄 수 없다.

고결해지는
네 가지 단계

모든 인간은 본질적으로 고결함을 갈망한다. 인간은 그렇게 프로그램 되어 있다. 그 때문에 최적의 도량이 각자에게 마련되어 있다.

진심으로 평범한 인생을 살기 원하는가. 연인에게 이런 식으로 말해볼까? '나는 그다지 생산적이지 않고 평범한 인생을 살고 싶어. 결혼해줘'라고. 아무리 생각해도 이상한 말이다.

인간은 누구나 고결한 존재가 되기를 원한다. 고결한 스태프, 판매원, 실업가, 리더, 혁신가, 기고가, 아내, 남편, 어머니, 연인 그리고 지역에 공헌하는 사람 등등.

정말로 평범하길 원한다고는 볼 수 없다. 나의 DNA에 들어 있는 선천적, 운명적으로 달성하도록 설계된 도량의 극히 일부만을 달성하고 그래서 만족하는 일은 있을 수 없다.

따라서 불만을 느낀다. 인간은 사실 고차원으로 살고 있다. 자신이 본디 더 높은 차원에서 영향을 주고 공헌하고 실현할 수 있다는 것을, 그럼에도 그 방향으로 향하지 않는 자신의 인생이 옳지 않다고 느끼기에 불행하다.

사람들은 이미 알고 있음에도 그것이 무엇인지를 바르게 알지 못하기 때문에 불행이 일어난다.

기업가의 구십오 퍼센트가 꿈을 달성하지 못한 채 끝나고, 오십 퍼센트의 결혼이 이혼으로 끝나고, 세상 거의 모든 국가에서 경제적 자립이 어려운 것은 고결에 이르는 길을 모르기 때문이다. 그것이 본연의 모습인데도 말이다. 교육이나 주위의 영향, 약간의 실패를 책망하는 닫힌 사회라는 외적 요인에 의해 나의 본질이 자극받지 못하고 무의식중에 평범한 인생을 받아들인다.

고결함에는 여러 다양한 모습이 있다. 각자가 놓인 상황에 따라 각기 다르다. 내가 느끼는 불만이나 불안, 짜증나는 초조함은 결코 인식의 표출이 아니라 설계되어 달성해야만 하는 목적과 현황의 차이에서 생겨난다.

마지막으로, 고결함에 이르는 네 가지 단계에 대하여 생각해보자.

첫 번째 단계,
고결함이란 어떤 것인지 안다

많은 사람이 고결함을 달성할 수 없는 이유는 그것이 어떤 것인지 명확한 시각적 모델을 가지고 있지 않고 고결함의 본질을 모르기 때문이다.

고결한 종업원은 어떤 사람인가, 고결한 기업가란 어떤 모습인가, 고결한 아버지는 어떤 식인가. 3D 영상을 보듯이 명확히 그 이미지를 머릿속에 그릴 수 없다.

먼저 자신의 틀에서 뛰쳐나와 고결하다고 생각하는 사람들 속으로 들어가는 것이 중요할지 모른다. 나의 경우는 가장 먼저 전기를 읽고 이미지를 그렸다. 달성해야 할 이미지를 먼저 이해했다.

고결한 사람들을 발견하고 만나러 간다. 그들과 실제로 만나 경의를 표하고 극찬하고 배우며 서서히 이해가 깊어진다. 주변에 그런 사람이 있다면 좋겠지만 그렇지 않다면 그 사람의 세미나에 참가하거나 용기를 내어 편지를 보내는 등 여러 방법이 있다. 이들 방법은 실제로 실천하는 사람은 별로 없다.

그들의 일은 무엇인가, 그 일을 어떻게 수행하는가, 화제는 무엇인가, 사람에 대한 행동은 어떤가, 얼굴 표정, 몸짓 손짓은 어떤가, 그런 것을 연구한다. 그 사람이 다른 이와 교류하는 모습을 연구한다. 어떻게 상대와 대화하고 친교를 나누는가. 어디에 주의를 기울이는가, 어떤 방식으로 스킨십을 하고 악수하는가. 시선이 마주쳤을 때는 어떻게 대응하는가. 상대의 긴장을 어떻게 풀어주는가 등등.

얼마나 자기중심적이지 않고 다른 사람을 우선하는가. 혹 고결한 사람을 발견한다면 물끄러미 관찰한다.

고결한 사람에게는 에너지와 아우라가 있다. 재치가 있고 타자에게 경의를 표한다. 겸허하고 매력적이다. 각각이 그 사람의 의지에서 나오고 존재 자체가 군중에서 불거져 눈에 띈다.

그런 사람과 만날 기회를 가지자. 만일 발견하지 못했다면 우선 전기를 읽자. 혹은 영화로나마 접해보자.

그곳에 이르는 길은 한 사람 한 사람 제각기 다르다. 프로그램 된 독자적인 여정이 있다.

나아갈 길을 찾지 못한다는 건 어디로 어떻게 가는지 모른다는 의미다. 그러니 당연히 갈 수 없다.

남쪽의 따스한 장소에 가고 싶은지, 북쪽의 선선한 곳으로 가고 싶은지. 도심부인지, 산간지역인지. 고층빌딩의 호텔 방인지, 아니면 산장인지. 유럽인지, 아시아인지. 자신이 가고 싶은 장소를 결정했다면 그곳에 어떻게 갈지는 그 이후에 정한다. 비행기로 갈지 자동차로 갈지.

대개는 어디로 갈지를 정하기도 전에 먼저 길을 선택한다. 일단 다른 사람들처럼 취직활동을 시작하고 일단 어딘가에 일자리를 잡는다. 자신의 적성 따위는 그다지 생각하지 않고 말이다. 혹은 갑자기 회사를 퇴직하고 기업을 차린다. 목적지도 모르면서 지금까지 그럭저럭 해온 것의 연장일 뿐인 일을 하거나 완전히 엉뚱한 일에 빠져 갑자기 새로 일을 벌인다.

뜬금없이 '일단 바를 뛰어넘는 사람이 되고 싶다'고 말한다. 막연히 높이뛰기를 시작해 높게 뛸 수 있다면 올림픽에 나가자는 식인데, 그러나 도중에 근육통이 찾아온다. 그리고 이 일은 아픔이 동반되니 이쪽 길은 그만두자는 결과가 되어버린다.

올바른 길을 찾는 방법은 먼저 '내가 뭐든 달성할 수 있는 능력이 있다면 무엇을 달성해야 할지'를 깊이 고찰하는 것이다. 부양할 가족이 있다, 학력이 없다, 그런 모든 조건을 일단 보류하고 자유롭게 뭐든 할 수 있다면 무엇이 하고 싶은지 끊임없이 생각한다. 종이에 적어보는 것도 좋다.

처음에는 잘 생각이 떠오르지 않을지도 모른다. 우리는 어린 시절부터 늘 자신에게 한계를 긋는 버릇이 들어 있기 때문이다. 먼저 그런 사고의 한계를 벗는 훈련을 한다.

우리는 대개 인생에 대해 깊이 생각하지 않는다. 주변과 비교하고 그럭저럭 괜찮은 인생이라고 자신을 납득시킨다. 그러나 늘 어떤 초조함을 가진다. 그 원인이 무엇인지 얼버무리지 말고 세심하게 자문한다.

어떤 사람의 활약에 질투를 느낄지도 모른다. 그 부정적인 감정 자체는 자연스럽기 때문에 결코 나쁘다고 말할 수 없다. 그 감정의 원인을 깊이 찾아본다. 왜 그 사람에게만 질투심을 느끼는가, 거기에 힌트가 숨어 있다.

그다음 자신이 지금 어디에 있는지 알 필요가 있다. 어디를 기준으로 시작해 목적을 향하는가, 내 위치를 인지할 수 없다면 출발할 수 없다.

그 때문에 많은 사람과의 깊은 교류가 필요한 걸지 모른다. 자신이 아직 미숙하다고 생각하는데 의외로 다른 자칭 전문가가 미숙한 경우도 많다. 특기라고 여기던 것이 전혀 예상을 빗나가 실망하기도 한다.

업계 내에서, 회사 내에서의 생활만 반복한다면 우물 안 개구리에서 벗어날 수 없다. 나의 현 위치를 파악할 수 없다. 자신에 대한 이미지는 자라온 가정환경이나 상사들에 의해 형성된 것에 지나지 않는다.

일류기업의 간판을 달고 있기에 통용되는 경우도 있다. 높은 직위의 자기 이미지를 가진 채로 독립했을 때 주위가 일제히 외면하는 일도 적지 않다. 진짜 자신과 마주하는 일은 힘겨운 일일지도 모르지만, 착각한 채로 독립해 뒤늦게 깨닫는 것보다는 고통이 덜하다.

눈을 뜨고 나의 아픔과 대면한다. 길은 많지만 안전하고 좀 더 직접적이고 적절한 길을 반드시 하나 발견할 수 있다. 그것이 보일 때까지는 상당한 집중력과 깊은 사고, 판단이 요구된다. 그러나 그것 외에 자신의 길을 발견할 방법은 없다.

세 번째 단계,
자신에 대한 확신을 쌓아 올린다

대개는 길을 나아가 그 목적에 다다를 것이라는 자신감을 가지지 못한다. 모처럼 길 끝까지 왔을지도 모르는데 포기해버린다. 달성할 자격이 자신에게 있다고 믿지 못한다. 이미 긴 터널을 뚫어 앞으로 몇 센티미터만 나아가면 건너편에 도달할지도 모르는데 자신감이 없어 중단하고 만다.

물론 실패로 신속하게 물러서야 할 때도 있다. 그러나 그것은 어디까지나 길을 잘못 들어섰기에 다른 길을 가겠다고 결단했을 때다. 방법은 여러 가지가 있고 각기 다르다.

우리는 이미 고결함에 이르는 길을 걷고 있다. 한꺼번에 많은 일을 벌이지 않는다. 작은 일 하나하나 단계를 달성해감으로써 스스로 자신감을 쌓아가야 한다.

느닷없이 마라톤에 출전해서는 안 된다. 우선은 천천히 걷는 것부터 시작해 조금씩 달리는 시간을 늘려간다. 그렇게 신체를 단련하고 자신감을 키워간다.

내가 맨 처음 할 수 있는 작은 단계부터 하는 것이다. 작은 성공을 차곡차곡 쌓아간다. 그것으로 나 자신에 대한 기대치도 차츰 올라간다. 처음부터 큰일을 목표로 하지 않는 게 중요하다.

찬찬히 성실하게 단계를 밟아 올라간다. 물론 그 각각의 과정이 거짓돼서는 안 된다. 나에게 거짓말을 해서는 안 된다. 그럼 오히려 자신감을 잃는다. 작은 성공체험을 쌓아가자. 진정한 체험을 하고 배움을 반복한다.

앞서도 여러 번 말했지만 돌연 잘할 수 있게 되는 사람은 없다. 그것을 명심하자. 우리에게는 이미 고결함으로 나아가는 유전자가 갖춰져 있다. 기필코 거기에 다다를 수 있다. 그것을 나날의 신념으로 삼자.

네 번째 단계,
길을 벗어나지 않는다

훈련은 실패하는 게 당연하다. 잘못은 저지르게 마련이다.

예컨대 테니스에서든 골프에서든 처음에는 매우 서툴러 실패만 한다. 자기 나름의 방식으로 해보고 잘되지 않으면 곧 포기하는가? 아니면 다른 방법을 시도해보거나 코치의 지도를 따르는가?

고결함에 이르는 길도 이와 같다. 어떤 기초연습을 하고 어떤 관점을 가져야 하는지 가르쳐줄 누군가가 필요하다. 신용할 수 있는 스승을 가능한 많이 두자.

내가 하려는 일을 이해해주는 파트너, 멘토, 신뢰할 수 있는 코치를 찾는 것이 중요하다. 그들은 내가 나아가려는 길을 이해해주고 그 과정에서는 작은 실패와 좌절도 일어날 수 있음을 안다. 늘 궤도수정을 해준다. 어쩌면 그것은 친구와의 대화나 모임, 메일이나 SNS일지도 모른다.

차츰 과거의 친구들과는 거리를 두게 될지도 모른다. 자기 성장에 동반하는 소외감은 누구나 맛보는 것이다. 따라서 길에서 벗어나지 않도록, 도중에 포기하지 않도록, 자신보다 앞서 걷는 멘토를 가지는 것이 중요하다.

그래도 내가 나아가는 방법이 옳다면 차츰 이 길을 나아가는 것 이외의 인생 따위는 생각도 하지 않게 될 것이다. 그런 삶은 충족감으로 가득하고 특별한 빛이 드리운다. 그리고 주위의 존경을 받는 사람들로 조금씩 채워진다.

이윽고 내가 나아가는 이 길에 주변 사람들에게, 기묘한 인연에, 환경에, 그리고 과거의 경험에 모두 감사하게 될 것이다.

비관의 씨앗이었던 과거의 선택이 실은 귀중한 경험이었다는 것을 깨달을 것이다. 실패라고 믿었던 경험도 쓰디쓴 경험도 자신을 성장시키는 데 일조했다는 것을 알게 될 것이다. 부모님이 무심코 내뱉은 말 한마디도 사실 날 이곳에 이끌어줬음을 알게 된다.

그리고 나의 빛은 더욱 강렬해진다. 더욱 강인하고 심플하게 그러면서도 고결하게 살게 된다.

모든 것은
나에게서 시작된다

오늘날 사회에 일어나고 있는 비극 대부분은 자신이 고결에 다다를 운명이라는 사실을 자각하지 못하고 또 주위를 둘러봐도 그런 행동을 하는 사람을 볼 수 없는 탓으로 일어난다.

남의 돈을 손쉽게 갈취하려는 이 약육강식의 세상에서는 얼마나 뒷주머니로 수수료를 챙길지, 얼마나 최소한의 노력으로 최대 이익을 얻을지에 초점을 맞춘다. 정직하게 살아가는 것이 오히려 바보처럼 느껴진다. 작은 실수로 온갖 비난을 받고 두 번 다시 일어설 수 없다는 착각에 빠진다.

그런 일은 결코 없다. 먼저 내 인생을 바꾸고 내가 있는 이 세상을 고결하게 함께 살아가는 충실감으로 채우면 주위도 달라진다. 주위를 바꾸고 싶다면 조용히 나 자신을 바꿔라.

내가 먼저 고결함을 향해 나아가기 시작한다면 곧 변한다. 어느 누구도 그러지 않기 때문에 오늘날 만족스럽지 못한 세계가 있는 것이다. 그리고 내가 먼저 변함으로써 경직되어 있던 퍼즐 한 조각이 움직인다.

세상의 가장 아름다운 조화는 내가 만난 한 사람을 돕는 일로 시작된다. 일단 그 조화가 시작되면 우리는 더 많은 사람에게 영향을 주기 시작한다. 내게서 시작된 조화가 점차 주위로 퍼져나가고 이윽고 급속히 전 세계로 확산된다.

그 계기는 어쩌면 나의 빛나는 미소일지 모른다.

나의 존재가치는 이미 내재되어 있다. 경쟁하거나 완승하여 제 이득을 챙기는 것이 아니다.

나는 이미 고결하고 우아하게 품격을 지닌 존재다. 그것을 깨닫는 것으로 충분하다. 내가 주위를 비춘다. 나라는 존재가 주위에 영향을 미친다. 주위가 내게 영향을 미치는 게 아니다.

이미 우리 내면에 있는 고차원의 자신을 향해, 한층 스스로를 높이는 나날, 끝없는 길, 그것이 바로 우리네 인생이다.

마케팅 천재의
비즈니스 철학

이 책은 제이 에이브러햄이 가난했던 어린 시절을 딛고 일어나는 과정을 최초로 들려준 것이다. 그의 빛나는 업적은 아무것도 없는 밑바닥에서 뒤늦게 시작해 이뤄낸 것이기에 많은 사람에게 용기를 줄 것이라 확신한다.

그러나 당초 이 책의 집필을 제안했을 때 그는 그 자리에서 답하지 못했다고 한다.

아메리칸드림의 미국이라고 해도 MBA취득이 당연한 비즈니스 엘리트의 세계에서 일부러 자기 약점을 드러내는 일은 사실 위험하다. 커리어 자체에 손상을 입을 가능성도 있다. 비판받을지도 모른다. 클라이언트를 보호해야 한다는 측면에서도 어려운 결단이었을 것이다.

그런 큰 리스크를 짊어지더라도 그가 자신의 모든 것을 들려주겠다고 결단한 것은 이 시대 젊은이들의 자살률이 매우 높다는 사실을 알았기 때문이다.

어째서 희망으로 가득한 인생을 살아가야 할 젊은이들이 스스로 목숨을 끊어야만 하는가. 그 사실에 가슴이 아팠던 그는 자신이 역경을 극복해온 과정을 허심탄회하게 들려줌으로써 많은 사람들이 살아갈 힘과 용기를 얻기를 바랐다.

시급으로 육천 달러를 받는 그가 많은 시간을 할애하여 수차례 인터뷰를 하고, 떠올리기도 싫었을 과거에 대해 들려주는 일은 매우 힘들었을 것이다. 어떤 질문이든 진지하게 지금 우리 젊은이들을 사랑하는 마음으로 들려주었다. 그 모습에서 지금껏 세상에 알려진 천재의 모습은 엿볼 수 없다. 거기에는 자신의 약점을 받아들이고 한 걸음씩 착실하게 노력해온 순수하고 성실한 한 청년이 있었을 뿐이다.

몇 번이고 '자랑처럼 들릴지 모르지만……'라는 말로 말문을 열었던 그는 심플하지만 심오하고 본질적인 이야기를 들려주었다. 그런 분위기를 그대로 전하고 싶다는 일념으로 번역 작업을 했다.

단어 하나하나의 정의에 대해 몇 번이나 확인했다. 사전적인 의미만으로는 그가 들려주는 본질을 전할 수 없다. 그래서 후보가 되는 번역어의 원문을 전하고 그것이 옳은지 세심하게 확인하는 작업을 거듭했다.

또한 이미 국내에 번역된 그의 이십 년 전 논문을 기준으로 했기 때문에 예컨대 당시 역설적으로 사용된 '전략'이나 '전술'이라는 말의 배경이 되는 경영론의 흐름이나 변화로 인해 다소 의미가 달라졌다는 문제도 있었다. 따라서 제이와 논의해 그 의도에 따라 '전략'이나 '이념'으로 적절히 번역했다.

나아가 이번에 새롭게 방대한 기사를 정리하고 참고했는데, 예컨대 '탁월한 전략'이라 번역했던 그의 이념의 토대를 이룬 '품성, 품격, 덕, 선' 중 어느 것을 적용해도 좋다는 허가를 받고 내용에 맞춰 '품격경영론'으로 하였다.

지금까지 그의 이론은 매우 난해했지만, 제이 에이브러햄의 진수는 비즈니스를 통해서 인생의 본질을 이야기하는 데 있다. 형이상학적 철학 용어를 사용하지 않고 오히려 평이한 비즈니스 용어로 전한다. 그에게는 '비즈니스의 본질에 이르는 힌트가 있다. 그것은 다름 아닌 보다 고차원에 이르기 위한 길'이라는 확고한 신념이 있다.

그 심오하고 높은 차원의 이야기가 심플하게 전해지길 역자로서 바랄 뿐이다. 그것이 제대로 표현되지 못했다면 그것은 역자의 역량 부족으로 내 책임이다.

이번에 이 같은 기회가 마련해준 PHP연구소 여러분에게 진심으로 감사하다. 통상적인 출판 활동에서 벗어날 만큼 온 힘을 다하여 제이 에이브러햄이 진심으로 존경하는 마쓰시타 고노스케의 가르침이 깊이 살아 숨 쉬고 있음을 제이와 함께 놀랄 만큼 체험했다.

특히 출판에 관해 강력하게 지휘해주신 나카자와 나오키, 아키야마 사토시. 마쓰시타 고노스케와 제이를 연관시킨 와타나베 유스케, 그리고 멋지게 구성하고 편집해주신 아케구치 쇼지에게도 감사의 말을 전하고 싶다. 진심으로 고맙다.

또한 믿고 지지해준 가족과 팀 멤버, 비즈니스 파트너와 친구들 그리고 후카미 고지와 이케자와 하루미의 도움에 힘입어 장기간에 걸친 집필 작업을 마칠 수 있었다.

이 책을 보다 많은 독자들이 읽어 힘을 얻기를 진심으로 바란다.

일본어판 번역자 시마후지 마사미.

한계는 내 머릿속에만 있다

ⓒ 2015 Jay ABRAHAM & Masumi SHIMAFUJI

1판 1쇄 인쇄 2016년 5월 16일
1판 1쇄 발행 2016년 5월 23일

지은이   제이 에이브러햄
옮긴이   박새현
펴낸이   김병은
펴낸곳   프롬북스

편집   이현정
마케팅   최현준
디자인   최혜영
등록번호 제313~2007-000021호
등록일자 2007.2.1.
주소   경기도 고양시 일산동구 정발산로 24번지(장항동 웨스턴돔타워) T1-706호
전화   031-926-3397
팩스   031-926-3398
전자우편 edit@frombooks.co.kr

ISBN   978-89-93734-84-3 03320

이 도서의 국립중앙도서관 출판예정도서목록(CIP)은 서지정보유통지원시스템 홈페이지(http://seoji.nl.go.kr)와
국가자료공동목록시스템(http://www.nl.go.kr/kolisnet)에서 이용하실 수 있습니다. (CIP제어번호 : CIP2016010965)